1 目次

◆基本の読解方略（1～5）

その他の読解方略は橙色で示しています。

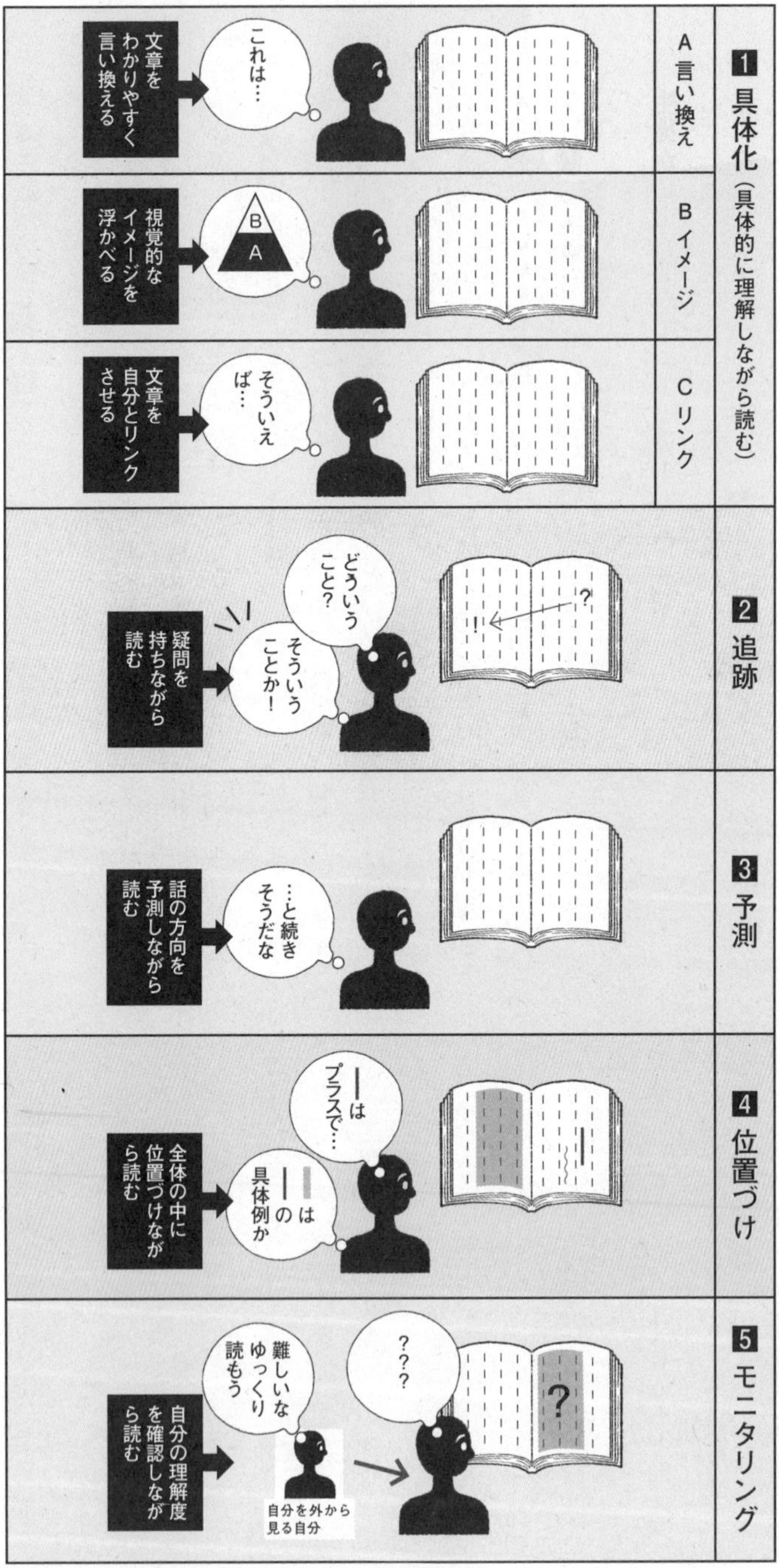

動画視聴はここから！

解説動画

第1講

解説
Answer

『映像という神秘と快楽』（長谷正人）

〔解説：輿水淳一〕

ジャンル	評論
字数	2767字
問題頁	P.23

◆「カメラの視線」の温かさ

「集中的な視線＝人間的な視線」と「包括的な視線＝カメラの視線」を対比的に説明した文章でしたね。入試現代文では、「日本⇔西洋」「近代⇔前近代」「人間⇔ＡＩ」等々、様々な対比が登場します。余白にメモをしたり、線を引いたりと、意識的に手を動かして整理していけると良いでしょう。このとき、「あまり理解できていないな」と思う箇所では丁寧に書き込みを行いながらゆっくりと読み、「理解できてきたな」とか「ここは簡単だな」と思う箇所では、書き込みを減らして読みのスピードを上げてください。自分の理解度に応じて、手の動かし方もコントロールすることが大切です。（西原）

❶ 全文解釈

[1]
蓮實重彦《はすみしげひこ》の『反＝日本語論』の、ちくま文庫版解説として、彼の妻である蓮實シャンタルが(1)キョウミ深いエッセイを書いている。（どんなエッセイなんだろう?）「二つの瞳」と題されたそのエッセイは、まさに彼女自身の視線（瞳）と夫の視線（瞳）という(A)二つの瞳の特徴を比較対照*1した見事なものだ。❶彼女は、「あるものをじっと深く見つめればそれを深さにおいて捉えることができる」と信じているため、さまざまな物や人を凝視《ぎょうし》*2する習慣があると言う。「ちらりと視線を送ること」は「愛情を欠いたよそよそしさにつながるように」思えてどうしてもできない。対象物を理解し、愛するためには凝視する必要があるのだ。こうした自分の「視線」を彼女は「集中的な視線」と呼ぶ。❷それに対して彼女は、夫の視線を「包括的な視線」*3と呼ぶ。夫と一緒に外出して同じ出来事を目撃し、彼女自身がそれを凝視しているとき、夫の視線はさまざまなものの上を揺れ動いているようにしか見えない。しかし帰ってきて夫に確かめてみると、確かに夫は自分と同じようにその出来事をしっかり見て記憶にとどめているのである。どうやら彼女の夫は、見る対象を、その周囲の広がりのなかで受容できる別の視線をもっているようなのだ。❸そしてその視線は、むろん彼女にも向けられる。彼女に注がれる視線は、いつもそこにとどまることなく、なにか彼女を「［甲］」としているかのように、周囲の「さまざまなものの上を揺れ動き、時折また」彼女に戻って来るというのだ。［イ］

[2]
こうした「二つの瞳（視線）」の差異はどこから来るのだろうか。彼女は判断しかねているようだ。「これが、日本人である夫の特質なのか、それとも彼独特のものかはにわかには*4

✓ 脳内活動・重要語彙

*1 比較対照…二つのものを照らし合わせて比べること。

❶ 二種類の視線の対比か。どのように違うんだろう?

*2 凝視…じっと見つめること。

❷ ここまでがシャンタルの視線の話で、ここからは夫の視線の話だな。

*3 包括的…全体を一つに括《くく》るさま。

❸ たしかに夫の視線は「包括的な視線」と呼ぶにふさわしい、「見る対象を全体の中に位置づけるような視線」だな。

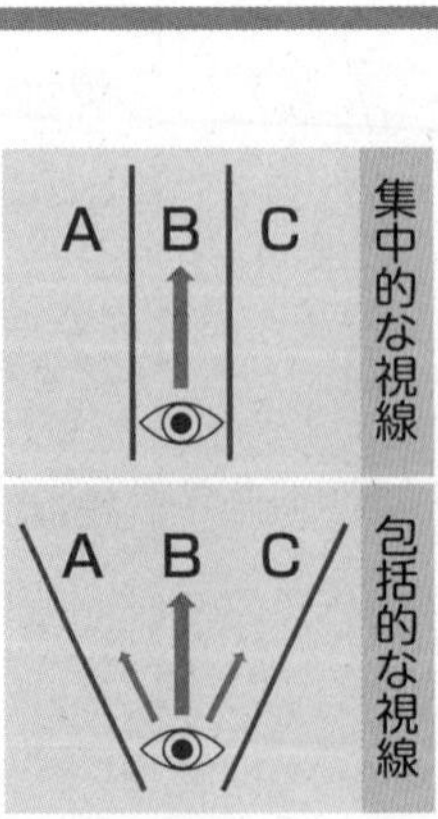

断[*5]じられません」と言うのだから。しかし、この差異は日本とヨーロッパの文化的な差異から生じたものだと断定する論者もいる。❹ある書物の解説によれば、ここで蓮實シャンタルが言う「集中的な視線」は、「自分と対象との心理的な隔たりをはっきりと意識してそれを埋めようとする」意味で西欧文化的な視線であり、従って「できることなら自分と他人との違い（区別）をことさら明確にしないままで置きたいという意志が無言のうちに人々を支配している」日本社会においては、カイ(2)ヒされなければならないものなのだと。❺従って当然のことながら、対象物との区別を際立《きわだ》たせることなく曖昧《あいまい》にそれを受け入れてしまう彼女の夫の「包括的な視線」は、まさに日本的な視線なのだと。ある書物の解説では、そのように主張されている。【ロ】

3

しかし、ことはそう単純であろうか。❻「集中的な視線」が日本の通常の対面的コミュニケーションにおいてなるべくカイ(2)ヒされているのは、経験的に言っても確かだとしても、はたして「包括的な視線」が日本文化独特のものと言えるのだろうか。おそらく、それは違うだろう。❼そもそも、蓮實シャンタル自身が、このエッセイを彼女の父親（ベルギー人）による「包括的な視線」の話から始めていたことを思い出さなくてはならない。彼女は、画家だった父親が自分をモデルにして描くとき、けっして彼女の顔を凝視することなく、つねにちらりちらりと「動く視線」を投げかけていたことを記述している。つまりこのエッセイは、西欧人らにも「包括的な視線」をもつ場合があること、しかも筆者自身が父親の「包括的な視線」によって育てられたように、けっしてその視線は愛情を欠いたよそよそしいものとは限らないことを最初に認めているのである。【ハ】

＊4　**にわかに（俄に）**…すぐに・急に。

＊5　**断じる**…はっきりと判断をくだす。

❹ 筆者もこの論者と同意見なのだろうか？

❺ たしかに、日本社会にはそういうところはある気がする。なにかの本で、西洋人は「自分と他人との違いを知るために」対話し、日本人は「自分と他人が同じであることを確認するために」対話する、というような話を読んだことがあるな。

❻ 「しかし」ときたから、筆者は「ある書物の解説」に対して否定的なようだ。二つの視線の差異が文化の差異でないのなら、なんの差異なんだろう？

❼ 「包括的な視線」は日本文化独特のものではない。

4 では、この「二つの視線（瞳）」の差異は何の問題なのだろうか。❽ 私はそれは「カメラの視線」の問題だと思う。結論から言うならば、「包括的な視線」とはカメラの視線のことであり、実はこのエッセイで蓮實シャンタルは、カメラのように世界を眺めることを夫から学んだことを（自分でも気付かぬままに）告白しているのだ。カメラはその前にあるすべての事物の光線をありのままに受容する「視線」をもつのだった。❾ これはまさに、対象物を周囲の広がりのなかで受容する蓮實重彦的「包括的な視線」そのものであろう。つまり彼女の夫は、「カメラの視線」で世界を捉えているのである。これに対して彼女自身の「集中的な視線」は、ごく普通に人間的な視線と言うべきである。❿ 私たちは誰もが、自分が愛情や関心をもった対象を前にするとき、⓫ それらを［ I ］して「集中的」に凝視するのだから。たとえ日本人であっても、自分の恋人や好きな物を愛情を込めてじっと見つめない人間などこにいるだろう。⓬［ 二 ］

大事なとこだ！

5 こうして私たちは、集中的な視線／包括的な視線という二元的対立を、人間的な視線／カメラの視線の対立として読み直すことができる。⓭ すると、このエッセイもまったく違った相貌《そうぼう》[*6]で見えてくるはずだ。たとえば彼女の夫は、目の前に起きた出来事をじっと凝視することなく、周囲の広がり全体に視線を投げかけつつ、しかも正確に出来事を把握してしまうのだった。しかし、そんなことが普通の人間（むろん日本人も含めて）にとって本当に可能だろうか。「集中的な視線」（じっくり観察すること）なくして、どうして出来事を正確に把握することができようか。むしろ、たいていの日本人もシャンタルと同様、遭遇した出来事に気を奪われてじっと見つめてしまい、その周囲の事物に関心を払うことなどでき

❽ 話が核心に入ってきたぞ。

❾ たしかにカメラは目の前にあるものを取捨選択せずにすべて写し取る。

❿ なんで「集中的な視線」が人間的な視線なんだろう？

⓫ 自分が愛情や関心を持った対象。

⓬ なるほど、愛情を持ったものを集中的に凝視するのは、文化の違いにかかわらず、人間なら誰でもすることだから、「集中的な視線」は「人間的な視線」なのか。

⓭ 「集中的な視線＝人間的な視線」と「包括的な視線＝カメラの視線」との対立ということか。

＊6 **相貌**…①顔かたち・顔つき。②物事のようす・様相。

＊7 **逡巡**…決心がつかなくてためらうこと。

ないのではないか。つまりここで描写されているのは、実はカメラのように目前の事物をそのまま受容してしまう彼女の夫の、【たしかに】まったくトクイ(3)な「視線」だったのだ。だから私たちは、逡巡《しゅんじゅん》*7する蓮實シャンタルに是非《ぜひ》とも教えてやるべきだろう。貴方《あなた》が戸惑っている「包括的な視線」はけっして日本的な視線なのではなく、間違いなく貴方の夫に「独特のもの」なのですよ、と。⑭

ホ

6　そしてこのエッセイはさらに、【新しい話がくるな】蓮實重彦の「カメラの視線」＝「包括的な視線」がけっして　Ⅱ　で愛情を欠いたものではないことを主張している。彼女は言う。「私の話に相《あい》槌《づち》をうつとき、彼は、私を見つめるのではなく、話している私を受け入れようとするかのようにやや瞳を伏せ、身を傾けているのです」。つまり、夫の「包括的な視線」は、確かに　乙　愛情表現ではないが、彼女をありのままに受け入れようとする意味では間違いなく愛情表現なのだ。⑮

7　だがもちろん、私たちにとって重要なのは、あくまで「カメラ」の問題だ。⑯ 彼女のこの主張に従えば、事物を　Ⅱ　にそのまま受容してしまう「カメラの視線」にも、同様の「愛情」を読み取りうるはずだろう。つまりカメラは世界をありのままに受け入れることで、世界に対する「愛情」を表現しているとも言える。⑰ だからこそ私たちは写真を眺めるとき、そこに写っている物に対して、あるどうしようもない愛《いと》しさの感情を抱いてしまうのではないか。だからもしかしたら、この「カメラの視線」は、「人間的な視線」などよりはるかに深い愛情に満ちたものなのかもしれない。⑱

ヘ

⑭ 人間的な視線と対比される蓮實重彦の視線……。まるで蓮實重彦が人間じゃないみたいで面白いけど、それくらい人間離れした、特異な視線なんだろうな。この文章は「包括的な視線」が＋（メイン）で、「集中的な視線」が－（サブ）だ。

⑮ なるほど、それも一つの愛情表現か。

⑯ 重要なのは、蓮實重彦ではなく、「カメラ」。この文章は「カメラ」について論じる文章なんだな。

⑰ カメラは機械だから「愛情」なんて表現できないと普通は思うけど、自分の好き嫌いにもとづいて取捨選択したりせずに、世界をありのままに受け入れるという意味では、カメラも世界に対する「愛情」を表現している。

⑱ 「人間的な視線」は、自分の好きなもの、関心を持ったものを凝視する視線だから、逆にいえば、好きではないもの、関心のないものには注意を払わない。いわば「えこひいき」の視線だ。それに対して「カメラの視線」はすべてをあるがままに受容する。その意味では、たしかに「人間的な視線」よりも深い愛情に満ちたものといえるかもしれない。なるほどな。

② 解答・解説

まず、本文の対比構造を確認しておきましょう。

蓮實シャンタルの視線（彼女の視線）

- 集中的な視線
  - →対象を凝視する視線
- ×西欧文化的な視線
- 人間的な視線
  - →人間なら誰もが持つ視線

蓮實重彦の視線（夫の視線）

- 包括的な視線
  - →対象を周囲の広がりの中で受容する視線
- ×日本文化的な視線
  - ×ある書物の解説（筆者は否定）
- カメラの視線
  - →世界をありのままに受容する特異な視線
  - ＝深い愛情に満ちた視線

上の図を文章にすると本文の要約になります。余裕がある人は、次に示す要約例を見る前に、上の図を参考にしながら自分で２００字要約をしてみましょう。

> 愛する対象を凝視することで理解しようとする蓮實シャンタルの「集中的な視線」に対して、対象物を周囲の広がりの中で受容する蓮實重彦の視線は「包括的な視線」と言える。「集中的な視線」とは、誰もが持つ「人間的な視線」だが、「包括的な視線」とは、目前の事物をありのままに受容する蓮實重彦に特有の「カメラの視線」である。世界をありのままに受け入れる「カメラの視線」は「人間的な視線」よりも深い愛情に満ちたものだ。（２００字）

問一　脱文挿入問題です。脱文挿入問題のコツはずばり、**「脱文中にヒントあり」です**。脱文の内容や、脱文の中で用いられている接続詞・助詞・指示語などをヒントにして、脱文の位置を特定します。

今回、問題となっている脱文は次のとおり。

1

つまり彼女の記述に従っても、「包括的な視線」はけっして日本的な視線ではないことになる。

接続詞の「つまり」と、助詞の「も」が大きなヒントになります。

ⓐ「つまり」→この脱文の直前には、「彼女の記述」がある
ⓑ「も」→〈「包括的な視線」は日本的な視線ではない〉という話（3）が、すでに出た後の文脈

これを「正解のイメージ」として、空欄**イ**～**ヘ**を検討してみましょう。

ⓐ直前に「彼女（蓮實シャンタル）の記述」があるのは空欄**イ**と**ハ**。

ⓑ〈「包括的な視線」は日本的な視線ではない〉という話が出た後の文脈にあるのは空欄**ハ**、**ニ**、**ホ**、**ヘ**。

というわけで、正解は**ハ**です。

「正解のイメージ」とは、選択肢を選ぶ基準となるイメージのことです。なるべく選択肢を見る前に、本文の根拠をもとにして、頭の中に「正解のイメージ」を作りましょう。選択肢同士を比較するのではなく、「正解のイメージ」と選択肢を比較するイメージです。

問二　「二つの瞳の特徴」つまり、「彼女の視線と夫の視線のそれぞれの特徴」が聞かれています。したがって、ここで問われている力は、「対比の把握力」です。傍線部は本文のはじめの方に引かれていますが、「正解のイメージ」を作るには本文全体の対比構造を踏まえる必要があります。冒頭に掲《かか》げた図がそのまま「正解のイメージ」になるでしょう。一つ気を付けなければならないのは、

設問は、特に注意がない場合、筆者の見解を根拠にする

ということです。今回の文章では、「二つの視線の差異は日本文化と西欧文化の違いにもとづく」という見解が2に述べられていましたが、この見解は筆者によって否定されています（3）。今回、③を選んでしまった人は、そこがごっちゃになってしまっていたのだと思います。「筆者の

意見（見解）」と「筆者とは異なる意見」を区別しながら読むクセをつけましょう。
では、選択肢を見ていきましょう。
①の選択肢は、二つの瞳の特徴をばっちり説明していています。正解。
②は人間的な瞳は愛情を表現するが、カメラのような瞳はそうではない、という誤った対比になっているので×です。
③は先述の通り、筆者が否定していた「ある書物の解説」を根拠にしてしまっているので×です。
④は愛情に満ちた父親の瞳と、愛情を欠いた夫の瞳という誤った対比になっているので×。本文には、シャンタルの父親の視線も夫の視線もどちらも「包括的な視線」であり、その視線は愛情を欠いたよそよそしいものではないと述べられていました。

問三　空欄に語句を入れる問題には、大きく分けて二つのパターンがあります。例題と共に説明しましょう。

❶空欄を含んだ一文中の他の言葉との関係で決まるパターン

【例】予想だにしていなかった光景を見て、彼は□をぱちくりさせた。

ぱちくりさせるのは「目」ですから、空欄には「目」が入ります。これは簡単ですね。では同じパターンでもう少し難しいものを。

【例】「それがかつてあった」という存在論的世界から「それがいま現れようとしている」という□世界への転換。

空欄に当てはまるものを次の中から選べ。
(1) 経験論的　(2) 認識論的　(3) 進化論的
(4) 精神論的　(5) 生成論的

空欄の直前の「という」は、同格（＝）を表すので、空欄には「それがいま現れようとしている」と同じような内容の言葉が入らなければなりません。語彙力が必要ですが、正解は(5)です。

❷ 他の文との関係（同格・対比・因果など）で決まるパターン

> 【例】私は人間を愛するように、植物を愛する。昔からそうだった。私は、私の愛する人にまなざしを向けるのと同じように、［　　］にもまなざしを向けてきた。

空欄を含む文は一文目の内容を説明している文ですから、空欄には「植物」か、あるいは〈道端のたんぽぽ〉〈一輪の花〉といった「植物の具体例」が入ります。問三はこの例題と同じパターンです。空欄とイコールになる表現を、本文中から探しだし、それを根拠にするイメージです。本文では、問三に戻りましょう。本文を引用します。

> 1 どうやら彼女の夫は、見る対象を、その周囲の広がりのなかで受容できる別の視線をもっているようなのだ。そしてその視線は、むろん彼女にも向けられる。彼女に注がれる視線は、いつもそこにとどまることなく、なにか彼女を「　甲　」としているかのように、周囲の「さまざまなものの上を揺れ動き、時折また」彼女に戻って来るというのだ。

彼女に注がれる夫の包括的な視線は、彼女（見る対象）をどうしようとしているか。「その周囲の広がりのなかで受容」という表現が根拠です。一番近い選択肢は、①「**世界の中に位置づけよう**」ですね。「世界の中に」とはずいぶん大げさな気もしますが、空欄**甲**の直後には「としているかのように」とありますから、空欄に入る表現は比喩的な表現として捉えることができます。

問四　空欄に語を入れる問題です。問三で示した二つのパターンでいうと、空欄Ⅰは❷、空欄Ⅱは❶で考えることができます。

空欄Ⅰの直前には指示語がありますね。空欄の近くに指示語がある場合は、必ず何を指しているのか把握しておきましょう。空欄のヒントになりそうな文をいくつか抜き出してみます。

> 4 これに対して彼女自身の「集中的な視線」は、ごく普通に人間的な視線と言うべきである。私たちは誰も

が、自分が愛情や関心をもった対象を前にするとき、それら（自分が愛情や関心をもった対象）を［Ⅰ］して「集中的」に凝視するのだから。

＝

> 5 ……遭遇した出来事に気を奪われてじっと見つめてしまい、その周囲の事物に関心を払うことなどできない……

つまり「集中的な視線」とは、言葉通り、視線をある対象に集中させることなので、空欄には、

> 「他は見ずに、それだけを見る」

という意味あいになる言葉を入れます。正解は③の**特権化**。「特権」とは〈あるものにだけ与えられる権利〉ですから、特権化は〈特別な存在になる〉くらいの意味。①の相対化は〈それだけを見るのではなく、全体の中で捉えるようになる。いろいろある中の一つとして捉えるようになる〉、②の抽象化は〈具体的な事物のある一面だけを取り出して一般的な概念にすること〉、④の一般化は〈広く行き渡ること・特殊な事物から普遍的な法則や概念を引き出すこと〉。

空欄Ⅱは二箇所あります。どちらもパターン❶（一文中の他の言葉との関係で決まるパターン）で考えることができます。

> 6 蓮實重彦の「カメラの視線」＝「包括的な視線」がけっして［Ⅱ］で愛情を欠いたものではないこと

空欄直後の「で」が空欄と「愛情を欠いたもの」を同格でつないでいます。「ほんとにあいつはドジでまぬけでおっちょこちょいで……」の「で」です。ですから［Ⅱ］は、

(1)〈愛情を欠いたもの〉というヒントが得られます。また、「カメラの視線」はけっして［Ⅱ］ではない、とわざわざ否定している文脈なので、［Ⅱ］は、

(2)〈「カメラの視線」に関するありがちな思い込み〉と予想できます。

> 7 事物を［Ⅱ］にそのまま受容してしまう「カメラの視線」

「カメラの視線」は、事物をどんなふうに受容するか、その修飾語が［Ⅱ］です。人間のように気に入ったものだけ受容するようなことはしません。

(3)〈感情を入れずに、ただただそのまま〉受容するのです。

以上の三つの根拠から、正解は②の「機械的」です。

問五　これも空欄に語句を入れる問題です。問三で示したパターン❷（他の文との関係で決まるパターン）ですね。空欄前後の関係を注意深く見ましょう。

---

6 彼女は言う。「私の話に相槌《あいづち》をうつとき、彼は、私を見つめるのではなく、話している私を受け入れようとするかのようにやや瞳を伏せ、身を傾けているのです」。つまり、夫の「包括的な視線」は、確かに［乙］愛情表現ではないが、彼女をありのままに受け入れようとする意味では間違いなく愛情表現なのだ。

「つまり」とあるので、空欄乙の文と、その前の文は同内容。どちらの文も、彼の視線は「集中的な視線」ではなく、「包括的な視線」だという対比構造であることに注意します。そうすると空欄乙の根拠は、前の文の「私を見つめる」（「集中的な視線」）です。正解は④「じっと見つめるという意味での」です。ちなみに①の「一瞥《いちべつ》を与える」は、「ちらりと見る」という意味です。

問六　本文の論旨に合う選択肢を一つ選びます。「間違っている選択肢のどこが間違いか」も細かく指摘するクセをつけると、ぐんぐん力が付きます。

① 愛する対象を凝視する夫の「集中的な視線」は、「カメラの視線」とは異なり、本質を見抜くことのできる人間的な視線である。

×彼女の

×「集中的な視線」の説明が違う

② 対象との区別を厳密にし、他者を愛情とともに暖かく受け入れようとする夫の「集中的な視線」は、まさしく西洋的な視線である。

×「集中的な視線」の説明が違う

×「集中的な視線」は彼女の視線

×これは筆者が否定する見解

③「カメラの視線」のように、対象をありのままに受け入れようとする夫の「包括的な視線」は、深い愛情に満ちた視線である。
○　○

④愛する対象を凝視する夫の「包括的な視線」は、人間であればだれもが共通して備え持っている、きわめて普遍的な視線である。
×妻の「集中的な視線」

正解は③です。

問七

(1) 興味　①享楽　②供出　③強制　④感興

(2) 回避　①批評　②疲労　③被害　④逃避

(3) 特異　①異常　②意表　③繊維　④経緯

【解答欄】

設問	配点	解答
問一	（5点）	ハ
問二	（6点）	①
問三	（6点）	①
問四	（各5点）	Ⅰ ③　Ⅱ ②
問五	（6点）	④
問六	（8点）	③
問七	（各3点）	(1) ④　(2) ④　(3) ①

❸ 生徒からの質問コーナー

【Q1】本文を読む前に設問を先に見た方がよいですか？

輿水　絶対にこうしなければならないということはないと思いますが、本文を読む前に先に設問を見ておいた方が、効率良く解けるということはありますね。たとえば最後の設問で「本文における『歴史』とはどのようなものか」と聞かれていたら、「あ、きっとこの文章は『歴史』を主題にした文章なんだな、そこに注目して読んでいこう」と、あらかじめ気を付けることができる。

西原　僕は「予め出典と最終段落に目を通しておくといいよ」と言っています。出典(タイトル)は文章内容の端的なまとめになっていることがありますし、最終段落には筆者が最も伝えたいことが書かれていることがあるからです。ただし、いつもそうだというわけではありませんので、「ちょっと目を通しておく」というイメージです。あと、「脱文挿入問題」や「誤文訂正問題」は先に目を通しておいた方が解きやすいので、志望校を決めた段階で、過去問にそういった問題があれば、先に設問を見るべきです。

輿水　出典確認はたまに役に立つよね、7回中2回くらいかもしれないけど。でも目を通すだけならそんなに時間はかからない。設問確認を含めて長くても30秒くらい。野球のイチロー選手が前に言っていたけど、平常心を保とうと思っても平常心は保てない、つねにいつもと同じ行動を取ることで、いつも通りの平常心を保てる。入試でも同じで、試験本番で平常心を保つためにも、本文を読み始める前のルーティーンとして、出典を確認したり、設問にざっと目を通したりするということを普段からやっておくのは悪くないと思う。

西原　大谷翔平選手も、バッターボックスに入る前にいつも同じような素振りをしていますよね。最終段落を先に読むことについては、僕は5回中3回くらい「役に立ったな」と感じます。

輿水　最終段落を読むっていうのは、どれくらい読むの？けっこうちゃんと読む感じ？

西原　ケースバイケースですが、「重要なことは〜」とか「〜が不可欠だ」なんていう言葉があって、「いかにも大事そうだな」と感じるときはしっかり読みますね。最終段落が2〜3行しかないときはその前の段落も読みますし、逆に最終段落が長い場合は、最後の7〜8行に目を通すという感じです。

第2講

解説
Answer

『私という迷宮』（大庭健）

〔解説：輿水淳一〕

ジャンル	字数	問題頁
評論	1490字	P.31

◆人は「自由」に耐えられない

「近代人は伝統的権威から解放されて『個人』となったが、しかし同時に、かれは孤独な無力なものになり、……この状態は、かれの自我を根底から危くし、かれを弱め、おびやかし、かれに新しい束縛へすすんで服従するようにする」（『自由からの逃走』／エーリッヒ・フロム）――「何にも縛られない自由な個人」は、「集団内での役割を見失った孤独な個人」と言い換えることもできます。人間は、自由に耐えられず、自由から逃走し、進んで服従に向かう存在なのかもしれません。「自由」は入試頻出のテーマの一つです。近代の「自由」について、輿水先生の解説を通して考えてみましょう。（西原）

❶ 全文解釈

1 近代以前の伝統社会では、❶こんにちのような **(A)** はなかった。❷［ここから具体的な説明］母のもとで暮らしていた子供は、ある年齢に達すると母親のもとから切り離されて、いくばくかの集団的な訓練をうける。❸そして彼らは、子供としては死んで・大人として再生することを象徴する、特別の儀式（通過儀礼）*1に参加する。❹この儀式を終えると、彼らは、そのまま大人として、共同体の成員*2になる。

2 しかし、❺近代化とともに、社会は複雑になり、❻社会の成員となるために身につけねばならない技能・知識は、しだいに膨大になってきた。❼それらを習得するには、長い時間が必要になる。［たしかに］こうして、「もはや子供ではなく、さりとて未だ大人でもない」過渡期が長くなる。❽あいかわらず親に養育されていて、労働・納税・兵役の義務を免れている、という意味で、未だ大人ではない。しかし、家庭とべつのところで、［たとえば学校で］大人になるための技能・知識を身につけるよう、訓練をうけている、という意味で、もはや子供ではない。こうした、どっちつかずの「境界人」という不安定な時期が、「青年期」なのである。❾

3 しかし、「社会的な役割を表わす言葉❿による自己確認」という意味での「アイデンティティ」の確立が、［俺は予備校講師だ!］青年期の課題とされるようになったとき、その背景には、出自と役割の分離という、近代化のもう一つの姿がある。⓫近代以前の伝統社会では、出自（生まれ）によって、役割は自動的に決まった。［ここから具体例］小作農の家に生まれれば、自分もそのまま小作農という役割を引き継ぎ、商人の家に生まれれば、そのまま商人という役割を引き継ぐ。このように、生まれによって、引き受ける役割も決まる。伝統社会では、そうであった。⓬しかし近代化と

☑ 脳内活動・重要語彙

❶ 近代以前と近代以降を対比する文章かな。

❷ ということは、空欄(A)は、昔にはなくて今はあるものだな。なんだろう?

❸ たとえば狩りの仕方を身につけるための訓練とか?

*1 **通過儀礼**…人の一生で、ある段階から別の段階に移る際に執り行なわれる儀礼。今でいえば成人式、結婚式、葬式など。イニシエーション。

❹ バンジージャンプはもともと南太平洋の島で行なわれていた通過儀礼だったと聞いたことがあるな。

*2 **成員**…ある集団を構成している人員。メンバー。

❺ 逆接だ。ここから近代以降の話かな。

❻ 逆にいえば近代以前の社会は単純な社会だった。

❼ 複雑化した社会を生きていくには、多くの技能・知識が必要。

ともに、職業の選択は個人の自由となり、宗教の選択も、政治的立場の選択も、個人の自由に委ねられるようになる。出自と、引き受けるべき役割が、切り離されたのである。⑬

4　こうなると青年期は、大人として必要な技能・知識を身につけるだけではすまなくなる。自分は、どの役割を、どう引き受けるのか。社会的な役割を表わす言葉を、どう組み合わせて、自分を定義するのか。〔アイデンティティを確立する〕農民らしく、それとも職人らしく、……教徒らしく、それとも……、国民らしく、それとも……。どのような「らしさ」を、どのように組み合わせて、「これが自分だ」と名乗って出るのか？　青年期とは、こうした選択を迫られる時期となったのである。⑭

5　簡単におさらいする。近代化とともに、(B)この二つが合わさって、個人の人生に「青年期」という段階が生まれ、「社会的な役割を表わす言葉による自己定義」が、青年期の課題となったのである。〔↓図（20ページ参照）〕

6　現代社会は、近代化された社会である。〔現代＝近代〕したがって、いま見たような「アイデンティティの確立」が、青年期の課題であることに変わりはない。学歴・職業・宗教・コクセキ(a)・政治的立場のみならず、「男である・女である」という述語も、いまや生物としての性別から切断され、自由に選択される役割を表わすようになる。⑮　これもまた、役割と出自の切断という、(C)の延長線上の事象である。

7　しかし現代は、近代の延長だけでもない。⑯　近代の延長線上にありながら、近代の枠組みが、確実に、ゆるみ・崩れはじめてもいる。それとともに、アイデンティティの問題も、少しずつズレはじめている。⑰　近代のアイデンティティ概念は、いっさいから自由な個人、という

⑧ 近代以前にはこの過渡期はほとんどなかった。

⑨ なるほど、こうして近代以前にはなかった「青年期」という段階が生まれたのか。これが空欄(A)の答えだな。

⑩ たとえば警察官とか会社員とか農家とか予備校講師とか。

⑪ 近代化には二つの姿（側面）があるのか。一つ目は、身につけねばならない技能・知識が膨大になったことだったな。

⑫ 伝統社会…出自＝役割。

⑬ 近代社会…出自≠役割。

⑭ つまりアイデンティティの確立が青年期の課題となった。

⑮ たとえば男に生まれても、女として生きることを選択することが現代ではできるようになった。

⑯ 現代≠近代。違いはなんだろう？

⑰ どういうことだろう？

観念を前提としていた。⑱ 出自を問われることも（あるいは、すら）なく、自分の意のままに、自由に役割を選択する、自由な個人……。しかし、いまや、そのようにいっさいの絆を切って自由になったことが、⑲ (D)一人の・取り替えのきかない個人であるということの土台を、ヒタヒタと侵食しつつある。⑳

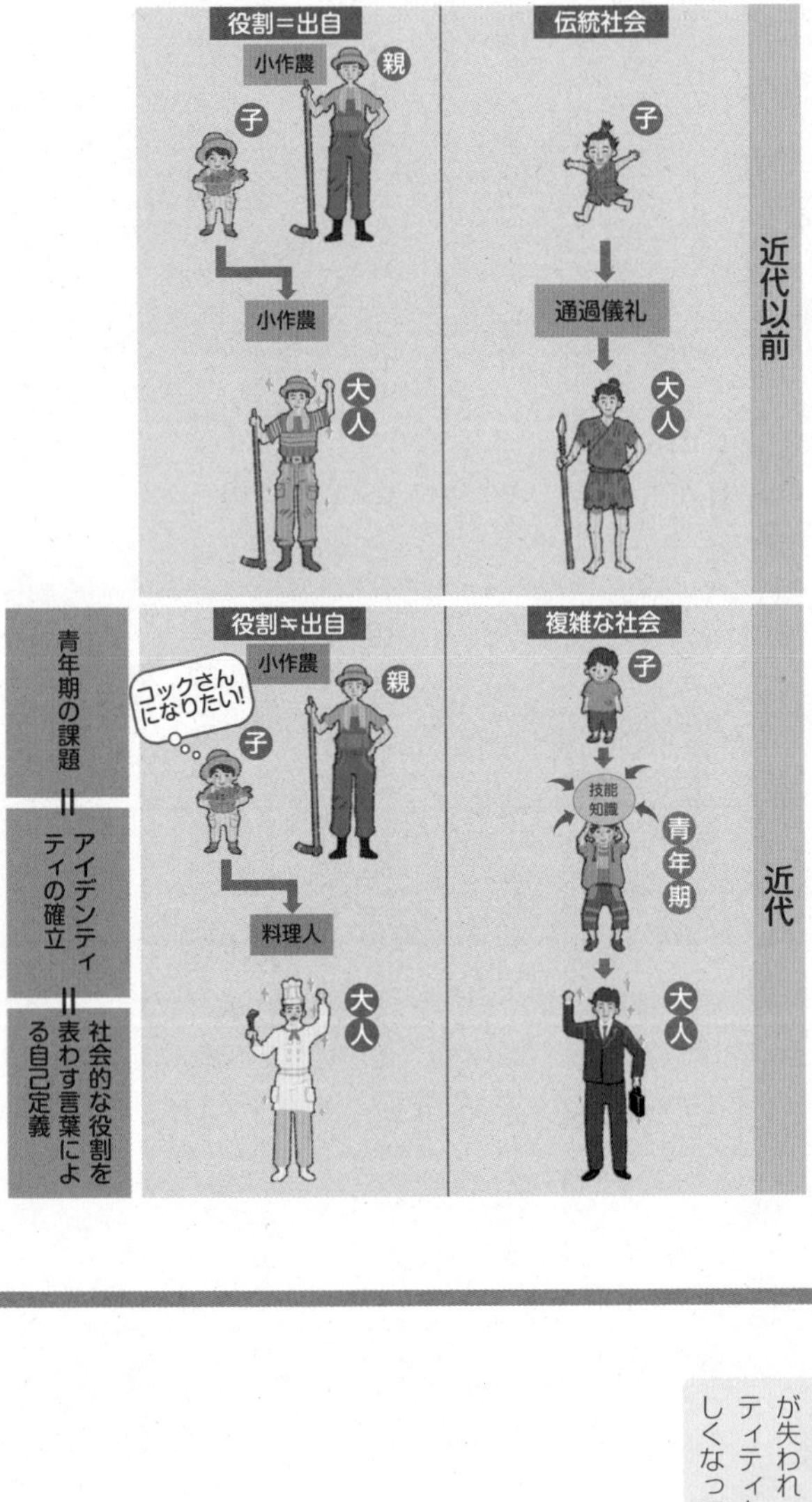

⑱ あくまで「観念」、つまり頭の中の考え。実際に個人が自由かどうか、ではなく、個人は自由であるべきだ、ということ。

⑲ 自由が単なる「観念」ではなく、「現実」になったことで

⑳ 自分はほかの人間とは違う唯一無二の存在だという感覚を支えるもの（土台）が失われつつある。つまりアイデンティティをしっかり確立することが難しくなってきている、ということだな。

２ 解答・解説

まず、文章全体の流れを確認しておきましょう。七つの形式段落からなる本文を、四つの意味段落に分けるとしたら、どこで区切ることができますか？　ちょっと考えてみてください。

どうでしょうか。では答え合わせです。それぞれの意味段落のざっくりしたまとめも書いておきました。

【1～2 近代と前近代の違い①】
近代以前の伝統社会（子供→大人）
↔
近代社会（子供→青年期→大人）

【3～4 近代と前近代の違い②】
近代以前の伝統社会（出自＝役割）
↔
近代社会（出自≠役割）

【5 ここまでのまとめ】

【6～7 現代と近代の違い】
近代（観念としての自由に基づくアイデンティティ概念）
↔
現代（自由の実現によるアイデンティティ確立の困難さ）

２００字で要約してみると、次のようになります。余裕がある人は、解答例を見る前に自分でもやってみましょう。

社会が複雑化したことで習得すべき知識・技能が膨大になった近代において、個人の人生に青年期が生まれた。また、近代では出自と社会的役割が切り離されたために、社会的な役割を自ら選択することが青年期の課題となった。現代社会は近代社会の延長線上にあるので、「アイデンティティの確立」が青年期の課題であることに変わりはないが、個人が実際にすべての絆から解放され自由になった現代では、その確立が困難になりつつある。（２００字）

では、各設問を見ていきます。

問一　空欄問題です。対比構造を正確に把握することができれば、正解に辿り着くことができると思います。1～2の対比構造の理解度を確認してみましょうか。次の空欄(1)～(6)に当てはまる言葉を後の選択肢の中から選んでみてください。

近代以前の社会
→ (1) な社会
→ 必要な知識や技能が (2)
→ 習得期間が (3)
→ (A) はなかった

近代社会
→ (4) な社会
→ 必要な知識・技能が (5)
→ 習得期間が (6)
→ (A) が生まれた

【選択肢】

①単純　②複雑　③少ない　④多い　⑤短い　⑥長い

【上の問題の解答】

(1) ①　(2) ③　(3) ⑤　(4) ②　(5) ④　(6) ⑥

空欄(A)に入る内容は「近代以前にはなく、こんにち（近代以降）にはあるもの」ですから、1と対比して述べられている2の内容を丁寧に追いかけます。

こうして、「もはや子供ではなく、さりとて未だ大人でもない」過渡期が長くなる。

＝

こうした、どっちつかずの「境界人」という不安定な時期

＝

「青年期」

正解は「青年期」です。本文のほかの箇所ではかぎ括弧なしでも用いられている語句なので、かぎ括弧はなくても許容されると思いますが、一応、付けておく方が安心です。「アイデンティティ」や「自由」などを答えにした人もいるかもしれませんが、これらは3以降に出てくる語句です。さきほど、意味段落に分けて文章の流れを確認しました。

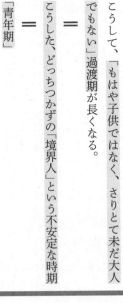

[1]～[2]で述べられていた [(A)] があるかないかという話と、[3]～[4]で述べられていた話を混同してはいけません。

> [1] 近代以前には [(A)] はなかった。
> [2] しかし近代化とともに「青年期」が生まれた。

という文脈で [(A)] に「アイデンティティ」や「自由」が入ったらおかしいですよね。

問二　空欄に二つの語句を入れる問題です。空欄(B)は[5]にありますが、[5]は[1]～[4]のまとめ（おさらい）です。したがって、[1]～[4]に述べられていた「近代化の二つの姿」の内容を理解できていれば解ける問題です。

> [5] 近代化とともに、[(B)] この二つが合わさって、①個人の人生に「青年期」という段階が生まれ、②「社会的な役割を表わす言葉による自己定義」が、青年期の課題となったのである。

[(B)（一つ目）] ← 個人の人生に「青年期」が生まれた（**近代化①**）

[(B)（二つ目）] ← 「社会的な役割を表わす言葉による自己定義」が必要になった（**近代化②**）

「青年期」がなぜ生まれたかについては、[2]で説明されていましたね。社会の成員になるには、膨大な知識・技能が必要となり、それを習得する訓練期間として「青年期」が生まれたのでした。[(B)（一つ目）] には、①「**社会的な役割を習得するための訓練期間が長くなったこと。**」が入ります。

次に、「社会的な役割を表わす言葉による自己定義」が青年期の課題となった理由ですが、これについては、[3]・[4]で説明されていました。出自と役割が切り離されたために、自分の役割は自分で決めることになったのです。[(B)（二つ目）] には、⑤「**社会的な役割の選択が、出自を問わず、個人の自由に委ねられるようになったこと。**」が入ります。④「宗教や政治的立場の選択が、個人の自由に委ねられるようになったこと。」でもよいように思うかもしれませんが、「宗教や政治的立場の選択」では具体的、限定的すぎます。この表現では職業や国籍などの選択が除外されてしまいます。より広い表現として「社会的な役割の選択」を用いている⑤の方が適切です。

正解は①と⑤です。

問三 これも空欄問題です。本文を引用します。

6 これもまた、役割と出自の切断という、〔(C)〕の延長線上の事象である。

7 しかし現代は、近代の延長だけでもない。

先に言ってしまうと、正解は「**近代**」あるいは「**近代化**」です。この答えに辿り着くためのアプローチは二つあります。

一つ目は、空欄(C)の次の一文、「しかし現代は、近代の延長だけでもない」を根拠にして、

〔(C)〕の延長線上
＝
近代の延長

したがって空欄(C)に入るのは「近代」、というアプローチ。

二つ目は、空欄直前の「という」という語に着目するものです。「という」は前後を同格の関係で結ぶ言葉（正確に言えば、たとえば「クマという動物」のように、「具体的内容」を「抽象的内容」に結びつける言葉）です。

役割と出自の切断
＝（という）
〔(C)〕

そこで「役割と出自の切断」について述べられていた3に戻ると、

出自と役割の分離という、近代化のもう一つの姿～

という表現が見つかります。したがって空欄(C)に入るのは

2

「近代化」。

一つ目のアプローチの方が簡単ですが、いつもこんなに近くに根拠があるわけではありません。【「という」の前後はイコール】、これを利用した解き方も使いこなせるようにしておきましょう。ちなみに【「という」の前後はイコール】なんてことは、みなさんも知っているでしょう。普段からそういう風に使っていると思います。大事なのは、それを現代文を解くときにも活用することです。たとえば「勉強では負けないぞ」という発言を聞けば、「勉強以外では負けているんだな」と誰しも思うのに、「近代以前の伝統社会では」という表現から「近代以降の社会と比較するんだな」と予測できる人は少ない。これは知識の問題ではなく、意識の問題です。ぜひ、みなさんが普段使っている日本語の知識を、現代文を解くときにも活用しましょう。

問四　比喩的な表現の理解を問う問題です。傍線部(D)は最終段落である[7]に引かれており、[7]は全体として現代のアイデンティティ問題を(近代と対比しながら)話題にしている段落です。文章を一文一文細かく読み進めながら、同時に「何の話題について述べているのか」という大きな視点を持つことも忘れないようにしましょう。

傍線部(D)を含んだ一文を引用します。

[7] しかし、いまや、そのようにいっさいの絆を切って自由になったことが、(D)一人の・取り替えのきかない個人であるということの土台を、ヒタヒタと侵食しつつある。

この一文は前半が原因、後半(傍線部分)がその結果という因果関係を構成しています。

いっさいの絆を切って自由になった
←(そのことが)
(D)一人の・取り換えのきかない個人であるということの土台を、ヒタヒタと侵食しつつある。

つまり、傍線部(D)は、「いっさいの絆を切って自由になった」結果、生じた事態だということになります。そして、繰り返しますが、ここでの話題は「現代におけるアイデンティティの問題」です。「いっさいの絆を切って自由になった」（つまり出自と役割が切り離されて、役割を自分で自由に選べるようになった）ことで生じる「アイデンティティの問題」とはどのようなものでしょう。傍線部に「土台を～侵食」という比喩表現があります。土台が侵食されれば、全体はぐらぐらと揺らいでしまいますよね。ここでぐらぐら揺らいでしまう全体が「一人の・取り替えのきかない個人（という感覚）」、つまり、他の人とは違う自分の定義、「これが自分だ」という意識、アイデンティティです。したがって傍線部(D)全体を言い換えると、

> アイデンティティの確立が難しくなりつつある

となります。なんでも自由に選んでいいよと言われることで、逆になんにも選べなくなってしまったという状況ですね。これを「正解のイメージ」にして選択肢を検討していきましょう。

①は少し紛らわしかったかもしれませんが、×です。「自由な個人でありえなくなった」のではなく、むしろ自由な個人になったことで、自由な役割選択（アイデンティティの確立）が難しくなったのです。

②の「社会的な役割を表わす言葉による自己定義」とは「アイデンティティを確立すること」と同義ですから、○。

③は×。「近代以前の確固とした個の自覚がもてなくなること」が誤り。近代以前に「確固とした個の自覚」があったかどうかは本文に書かれていません。むしろ自分の役割が自動的に決まってしまっていた近代以前の人々は、「確固とした個の自覚」が希薄だったのではないでしょうか。

④は○。ほぼ「正解のイメージ」どおりです。

⑤も○です。「『これが自分だ』と名乗れるようになること」＝「アイデンティティの確立」なので、それができなくなることという説明は傍線部の状態を正しく説明しています。

【解答欄】

問一（5点）	「青年期」（青年期）
問二（各6点）	①・⑤
問三（5点）	近代化（近代）
問四（各5点）	① × ② ○ ③ × ④ ○ ⑤ ○
問五（3点）	国籍

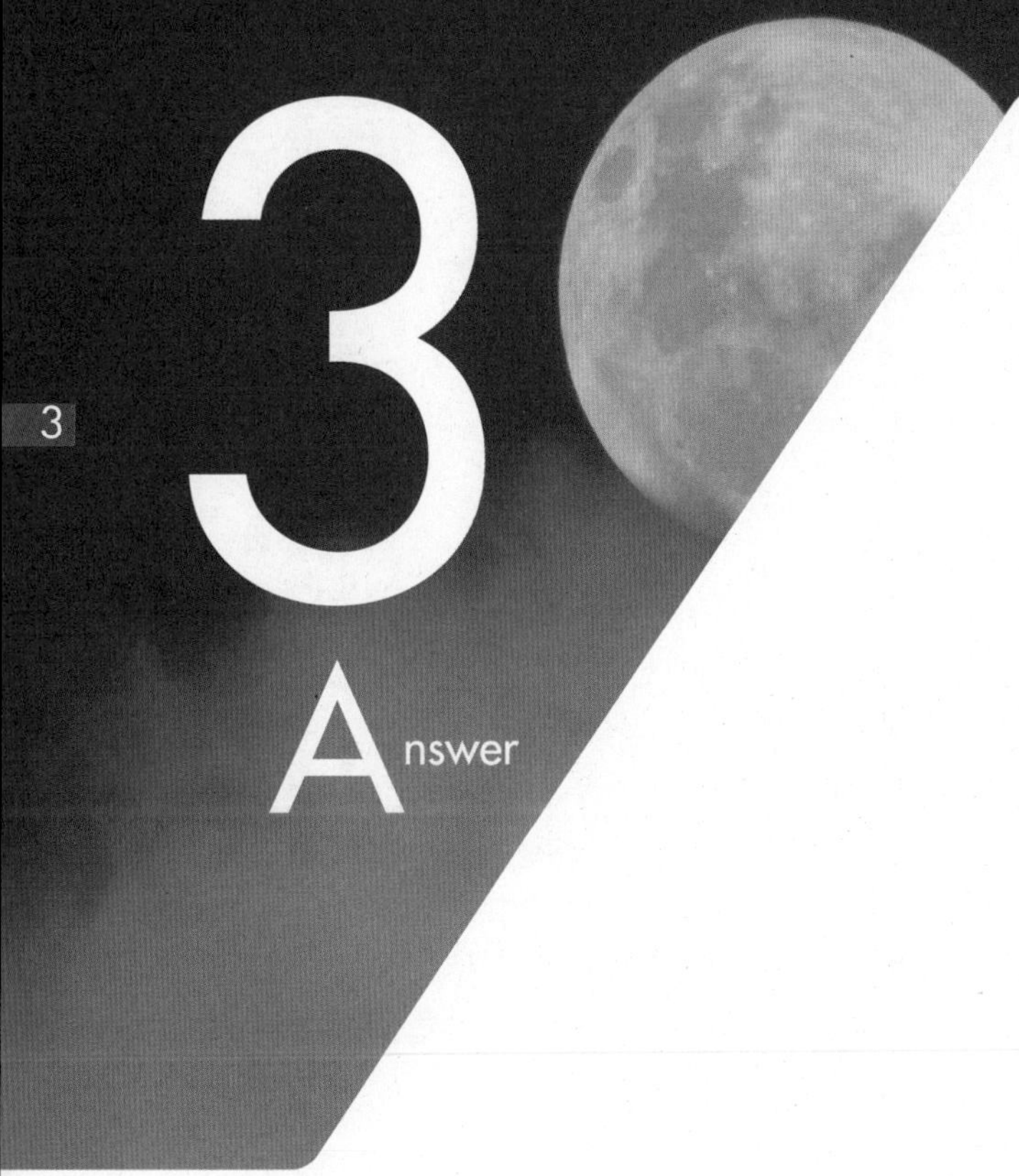

第3講

解説
Answer

『僕はかぐや姫』（松村栄子）

〔解説：輿水淳一〕

ジャンル	字数	問題頁
小説	3573字	P.37

◆〝理解されない〟にしかすがれない

人間は言語の獲得によって様々な恩恵を享受してきましたが、その一方で「自意識」に悩む生き物にもなりました。作品中、裕生と尚子は、肥大化した自意識にのみこまれているように思えます。予備校の授業でもこの作品をよく扱いますが、受け止め方は生徒によって大きく異なります。心にグサッと刺さり、裕生に深く感情移入していく人もいれば、「よくわかんない。二人とも大変そう……」という人もいますね。授業で扱うとき、僕の頭の中ではいつもEｖｅさんの名曲『ドラマツルギー』がリピートされています。どこか世界観が似ていると思うのですが、どうでしょうか。輿水先生の解説を読んだ後、是非聴いてみてください。（西原）

❶ 全文解釈

次の文章は、松村栄子の小説「僕はかぐや姫」の一節である。❶千田裕生《ちだひろみ》と辻倉尚子《つじくらなおこ》は女子高校の同級生である。彼女たちは二人とも文芸部員で、自分のことを「僕」と呼んでいた。❷これを読んで、後の問い（問一〜六）に答えよ。

ぼくに与えられた
ぼくの一日を
ぼくが生きるのを
ぼくは拒む❸

尚子の書いたそんな一節が、裕生を振り向かせた❹のは一年生の晩夏だった。それまで彼女たちは同じ部に属しながら、先輩たちの膨大な知識や醒《さ》めた思想、おとなびた物言い、それでいてちょっと子供っぽい感傷に魅了され振り回されて❺互いに見つめ合うことさえしなかった。

けれども、十六歳の世をすねた*1ような少女には、先輩のおとなびた言葉よりはずっと尚子の言葉の方が(ア)身の丈に合っていた。裕生のことだな 裕生は尚子の言葉に注意を払うようになった。❻

その冬に批評会をかねた合宿が行われた。予定をこなしたあとの雑談は文学談義になるのが常だった。その日も各自がてんでばらばらに好きな作家、好きな作品をあげて語り始めていた。文芸部らしいな 先輩の誰《だれ》かが与謝野晶子《よさのあきこ》だと言い、誰かが西脇《にしわき》順三郎だと言った。十数名の部員がいた。太宰《だざい》が上がり、三島が上がり、ヘッセもカミュもワイルドも上がった。❼

✔ 脳内活動・重要語彙

❶「僕はかぐや姫」。どんな意味なんだろう。

❷文学好きで、自分のことを「僕」と呼ぶ女の子。いわゆる「僕っ子」か。なんだか面白そう。

❸「ぼく」が四回。自意識の強さを感じる詩だ。反出生主義《はんしゅっせいしゅぎ》的な匂いもする。

※反出生主義…自分は生まれてくるべきではなかった、あるいは、苦しみに満ちたこの世界に子どもを産むべきではないという考え方。アンチナタリズム。

❹裕生は尚子の言葉に、なにかを感じたんだな。

❺たしかに高校生のときは、たった一、二歳違うだけの先輩の背中がいやに遠く見えた。

*1 **世をすねた**…世の中に対してひねくれた態度を取る。

❻裕生は尚子に自分と似たものを感じたのだろう。

❼さすがに文芸部だけあって、名高い作家ばかりだな。

尚子が何と言ったのか裕生は思い出せない。尚子は終始うつむいて、眠ってるのではないかと思うような態度で（一年生にしては少しふてぶてしかったかもしれない）耳を傾けていた。❽尚子が促されて何かを言ったとき、❾(A)ああ、やっぱりそうだ、と妙に納得したことだけを覚えている。❿

裕生は何と言ったのだったか……裕生が尋ねられたときには、すでに彼女の知る作家たちはあらかた出し尽くされていて、戸惑って……〈かぐやひめ〉だと彼女は言った。

「竹取物語？」

「いいえ、〈かぐやひめ〉の絵本です。朝倉摂《せつ》の挿絵のある紫の表紙の。幼稚園の頃《ころ》、僕はどうしてもそれが欲しくて……⓫」

皆と似たりよったりの答えをするのが嫌だったのかもしれない、インテリぶるのが気恥ずかしかったのかもしれない、とにかくその絵本がどのように美しかったか、三年目の秋には去らなければならないかぐや姫の運命がどのように自分を胸苦しくさせたかを裕生が居直って話し始めたとき、尚子は顔を上げて裕生を見た。⓬

ふたりは語り始めた。どちらも積極的に人に近づいていく性格ではなかったから、会話は弾まず、(イ)おずおずとした調子のもので、機会もそう多くはなかった。たまたま部室でふたりきりになったとき、あるいは、部員をまじえて談笑している中でさりげなく語った。普通ならば二、三時間で済むような内容をほぼ一年かけて語り合ったのだとも言える。

どちらも語るよりは聞きたがり、それでいて心のどこかでは耳をふさごうとしていた。それを隠すようにことさら無邪気になろうとして失敗した。⓭

❽ 尚子は少なくとも明るい性格ではなさそう。

❾ 好きな作家は誰か、好きな作品は何か。

❿ 裕生の予想通りだったんだな。　問二

⓫ ほかの部員たちがみんな有名な作家をあげている中でずいぶんな変化球を投げるな。

⓬ 行動は心情の表れ。今度は尚子が裕生に自分と似たものを感じ取ったんだな。

⓭ 自意識過剰な思春期にはこういうことがありがちな気がする。

「〈二十億光年の孤独〉を読んだ？」

「……うん。泣いた、僕⑭」

「キルケゴールが……もちろん、読んだって半分もわからないんだけど……⑮本を開いただけで苦しくなって……」

「〈死に至る病〉〈わたしにとっての真理〉……僕らをひとことで殺す文句だ」

少なくともあの頃、裕生と尚子は似た者どうしだった。やっぱりそうだったか 自分を溶かし出してしまうような光を恐れ、寧《むし》ろ輪郭をはっきりと描き出す影や、いっそのこと存在をかくまってくれる闇《やみ》を愛し、晴天の日よりは雨の日の方が機嫌がよかった。⑯十代半ばにして生を疎み*2⑰、白雪姫やシンデレラよりは(B)月に帰るかぐや姫に心を打たれた。可哀想《かわいそう》だと思ったのではなく、羨《うらや》ましかったのだ。⑱

自分を取り巻いている存在や思惑《おもわく》がうっとうしくてたまらず、⑲媚《こ》びない程度の微笑を愛用することで友人どうしの馴《な》れ合いからも反目からも器用に身を遠ざけていた。誰にも何も期待してはいけないと自ら戒め、相手の横暴*3は許しても、わかったような同情やいたわりには必ず冷笑で(ウ)一矢を報いずにはいなかった。⑳

その実、心の中では自分にないものばかりを数え上げ、こんなにマイナス勘定の多い自分なら、いっそいない方が理にかなうと思い詰めて逃げ場所を捜していた。

誰にもそんな自分の思いがわかるわけはないとかたくなに思い込み、自らの内面を隠蔽《いんぺい》に隠蔽を重ねて隠しながら、ここ少しわかる気がする でもほんとうはかくも こんなにも 心弱き者なのだと叫ぶために言葉を書き連ねるという矛盾㉑を犯していた。どうにもやりきれない感傷と怠惰をもてあまし、もて

⑭ 泣くような詩だったっけな？

⑮ 僕もキルケゴールの『死に至る病』は最初の4行で挫折したな……。

⑯ 普通と逆だ。ひねくれてるな。

*2 **疎む**…嫌う。嫌がって遠ざける。

⑰ たしかに冒頭の詩も生を疎むような詩だった。

⑱ なんで羨ましいんだろう？

⑲ ああ、だから、ひとり月に帰ることができるかぐや姫が羨ましかったのか。

*3 **横暴**…わがままで乱暴な行い。

⑳ だんだん裕生と尚子の人物像が明確になってきたぞ。

㉑ 自分の内面を隠そうとしながらも、自分の心の弱さを書き連ねてしまうという矛盾……。

あそび、真摯《しんし》*4であって不真面目《ふまじめ》だった。

そんな者どうしが友情を結び合えるものだろうか。孤立を気取り、解釈されるのを何よりの屈辱と感ずる者たち［裕生と尚子］が、もし双子のように似ていたとしたらそれ［友情を結び合うこと］はあり得ないだろう。㉒だから彼女たちは理解よりも無理解を、寧ろ何かしら意見の対立を求めて呟き合い、はかばかしい*5結果を得ず、㉓そしてある日ふと黙り込んだ。

ふたりの間には一冊の詩集があり、ひとつのセンテンス*6があった。

——夢は、たったひとつの夢は生まれなかったらという夢だから、贈られるのは嬉《うれ》しいだろう。㉔

その言葉は裕生の胸の中で、硝子《がらす》の触れ合うような音を響かせた。透明できらびやかで、それでいて脆《もろ》く哀《かな》しい響きだった。徐々に音は高まり、胸を裂いていった。状況が許せば裕生は泣きたかった。㉕胸の震えとでもいうものに身を委《ゆだ》ね、切ない死の夢に呑《の》まれて泣きたかった。けれどそうはさせないもうひとつの魂が、同じように今まさにこの夢に呑まれようとし、けれど自分の不在を夢みるのならまずその抹消《まっしょう》［自分の抹消、つまり自殺］を試みるべきではないかと自ら問いかけ、相手がそれを指摘しないはずがないと息を呑んで夢の前に立ちすくむ尚子の魂がそこにあった。㉖

(c)ふたりは、ふたりであるがために身をこわばらせて黙り込んだ。目を逸《そら》し合いながら、互いの胸がヒクヒクと震える音を聞いていた。その震えの中に、ありがちな自己陶酔のうねりと、高潔な魂を気取る虚飾の顫動《せんどう》とを同時に認めていた。より多く哀しめることを誇るような、より傷つきやすいことを言い訳にするような、まるで転んだだけで大声をあげ

*4 **真摯**…まじめでひたむきなこと。

㉒ 裕生も尚子も、他人なんかに自分のことがわかってたまるかと思っている。でも二人は、感じ方、考え方がそっくり。だから互いに相手の内面が手に取るようにわかってしまう。逆にいえば相手に自分の内面をわかられてしまう。屈辱的。そんな二人が友情を結び合うことは……うん、たしかにできないだろうな。

*5 **はかばかしい**…物事が順調に、望み通りの方向へ進んでいくさま。

㉓ 無理解や意見の対立を求めてなにか呟くたびに、相手にしっかり理解されてしまうのか。

*6 **センテンス**…文。

㉔「生まれなかったらという夢」。自分の生を否定することを夢見るということか……。生を疎む二人の好みそうな詩だ。

㉕ 泣くことを妨げている状況とはなんだろう?

㉖ 裕生が泣くことを妨げているのは尚子の存在か。

て泣き叫びおとなの庇護《ひご》を要求する幼児のような浅ましさを相手の中に、そして自分の中に見いだした。㉗

彼女たちは素直に感傷に浸れなかったことで互いの存在を憎んだ。憎みつつ、そこに転がったふたつの魂がなんと弱々しく、澄んだ感傷に包まれて蛙《かえる》の卵のように見え透いているのだろうと知ってゾッとした。

この日、裕生も、おそらく尚子も、取り繕うのはおまえの役目だと言わんばかりの沈黙にどっぷりつかりながら、自分たちが平凡きわまりないひとりの餓鬼《がき》だと思い知らないわけにはいかなかった。

あれから裕生は〈僕〉を気取る自分の心情について考え始めた。もっと純粋でもっと硬くもっと毅然《きぜん》とした固有の一人称がほしいと思った。㉘ 魂を、透けて見えても恥じない水晶のようにしたいと願った。㉙

尚子の方は部会に出てこなくなり、会えばからからと空虚に笑うようになった。㉚ 尚子の魂はくぐもったベールに包まれ、㉛ 三年になって同じクラスになってみると、(D)いつしか彼女は〈あたし〉という一人称を身につけていた。㉜

「言ってやればよかったのに、センダじゃなくてチダです。ユミじゃなくてヒロミですって」㉝

机の縁をつかむ佳奈の腕には男物の時計がぶら下がっていた。恋人どうしで時計を交換するのが流行《はや》っているらしい。

新たな登場人物だ

佳奈には彼氏がいるのか

㉗ 「この詩でこんなに哀しむことができちゃう自分ってほんとにガラスのように繊細な心の持ち主だなー、うっとり」というような浅ましさを相手の中に見いだし、同時に自分の中にも見いだしたということか。一人でカラオケに行ってめちゃくちゃ感情込めながら自分に酔いしれて歌っている自分の顔を鏡で見てしまった瞬間に自己陶酔から醒めるようなものだな。似た者同士のふたりは、それぞれが、互いの浅ましい魂を映しだす鏡のような存在なんだろう。

㉘ もう自分のことを〈僕〉と呼ぶのをやめるのかな。

㉙ 蛙の卵から水晶へ。同じ透明なものでもだいぶ違う。

㉚ ずいぶん変わっちゃったな。

㉛ 見え透いた浅ましい魂を覆い隠す作戦か。自分の感性を押し殺すようになったということかな。

㉜ 〈あたし〉は女子高生が用いるものとしては〈僕〉よりだいぶ一般的な一人称だ。

㉝ 先生か誰かに、名前を呼び間違えられ

「名前、間違われるのって一番腹立たない？」

「慣れてるから……」

太い銀色のバンドがルーズに掌《てのひら》の方まで落ちているのを眺めながら、裕生は言った。

「なるほど」

佳奈が手首を上げると、ジャラリと音がして今度は時計が肘《ひじ》の方まで移動した。㉞何時だろう、と裕生は身を捻《ひね》ってそれを覗《のぞ》き込む。

「自分だって忘れちゃうことあるんだよ、名前。先生が間違えたって仕方ないよ」

佳奈は肩をすくめ、すくめたついでに揉《も》みほぐしながら、教室移動を促した。

センダだろうがチダだろうが、ユミだろうがヒロミだろうが、どうせ自分でつけた名前ではないと裕生は思う。自分だったら……自分だったら、名などつけないだろう。こんな何もないようなものに名などつけようもない。〈千田裕生〉という名は、まるで空の鞄《かばん》のようだ。持って歩けば言い訳は立つが中身はない、そんな気がする。

うまいこと言うな

(E)多分そんなとき、裕生は〈僕〉に、より同化するのだろう。〈僕〉と書くとき、それは、ひとつの目、千田裕生の肉体やうっとうしい思惑を離れたひとつの魂の視点だった。㉟透明な視点。何者でもない僕。

女らしくするのが嫌だった。優等生らしくするのが嫌だった。人間らしくするのも嫌だった。どれも自分を間違って塗りつぶす、そう感じたのはいつ頃だったろう。器用にこなしていた〈らしさ〉のすべてが疎ましくなって、すべてを濾過《ろか》するように〈僕〉になり、そうしたらひどく解放された気がした。㊱女子高に来ると他《ほか》にも〈僕〉たちはいっぱいいて、裕

たのかな。

㉞ 彼氏の時計だからブカブカなんだな。逆に佳奈の時計をしている彼氏の腕は無事なんだろうか？

㉟ 周囲の存在のうっとうしい思惑を離れてひとり月に帰ったかぐや姫。「僕はかぐや姫」というタイトルはこのあたりに由来しているのかもしれない。

㊱ なるほど。普通とは違う〈僕〉という一人称を使うことで、「〜らしくしなければならない」という規範から逸脱したような気持ちになれたのか。

生はのびのびと〈僕〉であることができた。

要するに否定と拒絶からなる〈僕〉は、のびやかで透明だったけれど、虚《うつ》ろに弱々しくもあった。❸❼

❸❼このあと裕生はどんな一人称を使うようになるのだろう？　続きが気になるな。

3

２ 解答・解説

自分のことを「僕」と呼んでいた女子高生の裕生と尚子。似た者同士の二人が、ある日を境に変わりはじめる……という小説でした。難しい言葉やわかりにくい言い回しも少なくありませんでしたが、どれくらい理解できたでしょうか。あんまり内容が頭に入ってこなかったという人は、脳内活動を参考にしつつ、もう一度、じっくりと読み直してみてください。

かつてこの問題を解いた中高一貫の男子校生が、「先生、僕は小学校を卒業してから女子と話したことなんてほとんどなくて、普通の女子が何を考えているのかさえわからないのに、自分のことを僕と呼ぶ女子なんて、理解を超えています、お手上げでした」と言ってきたことがありました。でも、小説の良いところは、自分が生きなかった人生を経験できること。たとえば僕（輿水）は、夫を亡くして一人孤独に生きる老婆の人生を生きることはできませんが、小説世界の中で彼女の人生の一片に触れることはできます。他者の経験を自分に取り入れることで、自分という一人のちっぽけな人間の中身を豊かにすることができるのが小説の良いところ（の一つ）だと思います。というわけで、頑張っていきましょう。

問一　(ア)「身の丈に合っていた」の「身」とは〈身体〉、「丈」は〈長さ〉のこと。だから「身の丈に合っていた」は〈自分の身長に合っていた〉という意味。そこから比喩的に〈自分の能力や身分などに合っていた〉ということ。要は〈自分にぴったりだった〉ということですね。したがって正解は①。

(イ)「おずおずとした調子」の「おずおず」を漢字で書くと「怖ず怖ず」となります。意味は〈怖れて、ためらいながら物事をするさま・おそるおそる〉。したがって正解は③。

(ウ)「一矢を報いずには」は読み方にも注意しましょう。「一矢」の読みは「いちや」ではなく「いっし」です。「一矢を報いる」とはもともと、敵の攻撃に対して、矢を射返すこと。つまり反撃することですね。したがって「反撃せずには」としている⑤が正解。

言葉の意味を覚えるときは、なるべく丸暗記ではなく、漢字や単語自体の意味といった「思い出すための手がかり」と一緒に覚えましょう。

問二　この問題は少し難しかったと思います。名探偵や敏腕刑事のように、与えられた手がかりを組み合わせて、犯人〈答え〉を推測する力が必要でした。

設問は、次のようなものです。

傍線部Ⓐ「ああ、やっぱりそうだ、と妙に納得した」とあるが、裕生はどのように納得したのか。

みなさんは、「ああ、やっぱりそうだ」ってどんなときに使いますか？　「やっぱり」とか「やはり」という言葉は、〈前もって立てていた予想が当たったとき〉に使いますよね。「やっぱり今日は雨だった」とか「やはりフラれた」とか。では裕生が尚子に関して前もって（冬の合宿に行く前に）立てていた予想とはなんでしょう？　本文の傍線部Ⓐより前に、それを推測する手がかりとなる記述がいくつかあります。

尚子の書いたそんな一節が、裕生を振り向かせたのは一年生の晩夏だった。

先輩のおとなびた言葉よりはずっと尚子の言葉の方が身の丈に合っていた。

裕生は尚子の言葉に注意を払うようになった。

これらの記述から、「裕生は尚子に対して、自分と似たものを感じていた」ことが読み取れるのではないでしょうか。「フィーリングが合った」と言ってもよいと思います。そうすると、設問の「裕生はどのように納得したのか」という問いに対する「正解のイメージ」は、

「やっぱり尚子は自分と似た感性を持っている人だった」と裕生は納得した

となります。

しかし、です。この「正解のイメージ」では選択肢を選べません。「自分と似た感性を持っている人」から、さらにもう一歩踏み込んで、具体的に尚子がどのような人かがわからないと選べない。ここがこの問題の難しいところであり、面白いところです。そんなに簡単に犯人（答え）がしっぽを出してくれない。尚子のことが具体的に述べられているところを探して傍線部Ⓐより後ろを読み進めていって

も、どこにも書かれていない。書かれているのは裕生についてばかりです。しかし、思い出してください。裕生＝尚子なのです。だから、裕生のことがわかれば、尚子のことがわかる。

傍線部(A)の後ろに裕生が好きな作品を答えるシーンがあります。先輩たちが、次々と大作家たちの名前を上げる中、裕生は「〈かぐやひめ〉の絵本です。朝倉摂《せつ》の挿絵のある紫の表紙の。」と言う。独特のこだわりを感じませんか？　周囲の雰囲気に流されやすい人だったら、「夏目漱石です」とか、「谷崎潤一郎です」とでも言ってしまいそうなところですが、そうしない。好きな絵本を挙げる。独特の感性と、それを安易に曲げない「芯」のようなものを感じます。それを裏付けるように、「皆と似たりよったりの答えをするのが嫌だったのかもしれない。インテリぶるのが気恥ずかしかったのかもしれない」という記述が続きます。そして、かぐや姫の絵本について裕生が居直って話し始めたとき、尚子は顔を上げて裕生を見るのです。裕生が尚子に似たものを感じたように、尚子もまた、裕生に似たものを感じとったのでしょう。

まとめます。

ああ、やっぱりそうだ
＝
予想通りの人だった
＝
自分と似た感性を持っている人
＝
周囲に合わせることよりも、自分独自のこだわりを大切にする人
＝
裕生と尚子に共通する特徴

「正解のイメージ」修正版
（好きな作家、好きな作品についての尚子の答えを聞いて）「やっぱり尚子は自分と同じように、周囲に合わせることよりも、自分独自のこだわりを大切にする人だった」と裕生は納得した。

では選択肢を検討していきましょう。

①裕生は、尚子が他人に媚びたり安易に同調したりせず、自分の感性や意思を大事にする人だと納得した。

○ **裕生と尚子に共通する特徴**

②裕生は、尚子が他人とは異なる知的で大人びた物言いをし、現実的で醒めた思想を持つ人だと納得した。

× **これは先輩たちの特徴**

③裕生は、尚子が他人の模倣をしたり周りの人と協調したりせず、天衣無縫で自由な人だと納得した。

× **「終始うつむいて、眠っているのではないかと思うような態度」を取る尚子は「天衣無縫（純真で無邪気なさま）」な人ではない。**

④裕生は、尚子が他人の知識に影響されず、批判的で冷静な態度を崩さない超然とした人だと納得した。

× **裕生と尚子に共通する特徴の説明になっていない**

⑤裕生は、尚子が他人とのつきあいを極力避けて、孤独に過ごす時間を好む思慮深い人だと納得した。

---

⑤を選んでしまう人が多い問題ですが、裕生の「ああ、やっぱりそうだ」という納得は、あくまでも尚子の答えた「好きな作家、好きな作品」を聞くことで得られたものです。⑤は、「好きな作家、好きな作品」を聞いてわかるようなことではありません。

問三　問三は、それほど難しい問題ではありません。「かぐや姫」に関する知識ではなく、本文に書かれていることを根拠に考えます。

傍線部(B)の前後を、脳内活動も含めて再掲しましょう。

~白雪姫やシンデレラよりは(B)月に帰るかぐや姫に心を打たれた。可哀想《かわいそう》だと思ったのではなく、羨《うらや》ましかったのだ（**なんで羨ましいんだろう?**）。

自分を取り巻いている存在や思惑《おもわく》がうっとうしくてたまらず（**ああ、だから、ひとり月に帰ることができるかぐや姫が羨ましかったのか**）

傍線部(B)の「心を打たれた」は〈感動した・強い印象を受けた〉という意味です。なぜ、心打たれるほどに、「月に帰るかぐや姫」を羨ましいと思ったのか。直後の文でその理由が明かされます。裕生と尚子は、周りの存在や思惑をうっとうしいと思っているんですね。その点、月に帰るかぐや姫は、そのような周りの存在や思惑から離れることができる。それを羨ましく思ったのでしょう。そのような内容になっている選択肢は④だけです。ほかの選択肢は、そのような内容になっていないという点だけでなく、本文からは読み取れない、「かぐや姫」に関する知識を前提としている点でも×です。

問四　傍線部Ⓒの理由を問う問題です。ポイントは、傍線部の「身をこわばらせて黙り込んだ」の意味を、前後の文脈から正しく把握できたかどうか。

傍線部Ⓒの周辺を抜き出してみます。

状況が許せば裕生は泣きたかった。胸の震えとでもいうものに身を委《ゆだ》ね、切ない死の夢に呑《の》まれて泣きたかった。けれどそうはさせないもうひとつの魂が、（同じように今まさにこの夢に呑まれようとし、けれど自分の不在を夢みるのならまずその抹消《まっしょう》を試みるべきではないかと自ら問いかけ、相手がそれを指摘しないはずがないと息を呑んで夢の前に立ちすくむ）尚子の魂がそこにあった。

(C)ふたりは、ふたりであるがために身をこわばらせて黙り込んだ。……幼児のような浅ましさを相手の中に、そして自分の中に見いだした。

彼女たちは素直に感傷に浸れなかったことで互いの存在を憎んだ。

傍線部Ⓒの直前の内容をシンプルに捉えると、「状況が許せば（もしひとりきりだったら）裕生は泣きたかった。けれど、尚子がいたから泣けなかった。」となります。そうすると、傍線部Ⓒの「身をこわばらせて黙り込んだ」というのは「泣きたいけど泣けなかった」という意味に

なります。傍線部(C)の後ろにある表現を用いると、「素直に感傷に浸れなかった」。では、その理由はなにか。ふたりが「双子のように似ていたから」です。似た者同士のふたりは、相手に感じた浅ましさ（死に憧れて泣くくらいなら、いっそのこと、自死を選べばいいじゃないか、それもできないくせに泣こうとするのは、ただ傷つきやすい自分に酔っているだけではないか）を、同時に自分の中にも見いだしてしまう。相手はいわば、自分を映しだす鏡なわけです。脳内活動も参考にしてみてください。

「正解のイメージ」
似た者同士のふたりであるがゆえに、自分の浅ましさを互いに相手の中に見いだして、感傷に浸れなくなってしまった（泣きたいのに泣けなかった）から。

①裕生と尚子は二人とも同じ傾向の文学作品に興味を持っているものの、お互いに相手の考えや感じ方がわかりすぎるため、自由に意見を交わすことができなくなってしまったから。

×「黙り込んだ」の意味が違う

---

②裕生と尚子は二人とも自己の不在を夢みていたが、生からの逃避が実現できないことだとお互いにわかったため、それ以上夢について語り合うことができなくなってしまったから。

×実現できないことがわかったからではない

×「黙り込んだ」の意味が違う

③裕生と尚子は二人とも相手の感性に共感を抱き合っているものの、結局はお互いにすべてを了解し得ないことが明白になったため、自分の気持ちを語ることができなくなってしまったから。

×むしろお互いにすべてを了解できてしまうため

×「黙り込んだ」の意味が違う

④裕生と尚子は二人とも高潔で織細すぎるという似通った性格であり、お互いに傷つけ合うことを恐れたため、自分の気持ちを素直に伝えることができなくなってしまったから。

×高潔を気取っているだけで実際に高潔なわけではない

×傷つけ合うことを恐れたのではなく、相手に考えの甘さを指摘されることを恐れたため

⑤裕生と尚子は二人とも生に対して同じ思いを抱いてお
　　　　　　　　　　○二人とも生を疎んでいる
り、お互いに考えの甘さを見透かされていると感じたため、
　○互いに自分の浅ましさを相手に見透かされていると
　感じている
自分の感情をそのまま表現することができなくなってし
まったから。
○「黙り込んだ」＝「泣きたいのに泣けなかった」になっている

　というわけで、正解は⑤です。

問五　〈あたし〉と〈僕〉という一人称の説明が求められています。〈あたし〉についての説明（のヒントになる部分）は傍線部(D)の段落に、〈僕〉についての説明は特に傍線部(E)からラストにかけて、それぞれ書いてありますね。

　〈あたし〉は、〈僕〉を気取る自分の浅ましさに気がついた尚子が使うようになった一人称でした。〈僕〉に比べると、かなり一般的な一人称です。「会えばからからと空虚に笑うようになった」「尚子の魂はくぐもったベールに包まれ」といった表現からも読み取れるように、尚子は、これまでの「死の夢」にあこがれて感傷に浸るような自分の感性を押し殺して、「普通」の女の子を装うようになったのでしょう。その尚子が用いるようになった一人称が〈あたし〉です。

　それに対して〈僕〉は、女らしさや優等生らしさや人間らしさを否定し、拒絶する一人称です。要するに一般的な規範、「普通であること」から解放してくれる一人称。

　これだけ確認して選択肢を見てみましょう。

①〈あたし〉は私的な場で女性らしさを強調する意味で用いる一人称であるが、〈僕〉はあえて反女性的な存在であろうとして用いる一人称である。

②〈あたし〉は女性としての意識を高めようとする意味で用いる一人称であるが、〈僕〉は周りの人より優れた存在であろうとして用いる一人称である。

③〈あたし〉は周りとの調和を保とうとする意味で用いる一人称であるが、〈僕〉は社会通念にとらわれない自由な存在であろうとして用いる一人称である。
○「社会通念にとらわれない」＝「〈らしさ〉からの解放」

④〈あたし〉は女性どうしの連帯感を得ようとする意味で用いる一人称であるが、〈僕〉は男性社会へより接近したいという願望を込めて用いる一人称である。

⑤〈あたし〉は親しい間柄であることを示す意味で用いる一人称であるが、〈僕〉は公的な場で相手との距離を置きたいときに用いる一人称である。

ということで正解は③です。〈あたし〉の意味は少し想像する必要がありましたが、〈僕〉の意味は本文でしっかり説明されていたので、「らしさ」＝「社会通念（社会一般に通用している常識または見解）」という翻訳さえできれば、選択肢後半だけで正解を求められる設問でした。

問六　本文の表現と内容の特徴を説明したものとして適当なものを二つ選びます。一つずつ選択肢を検討していきましょう。

①は引っかかりやすい選択肢ですが、×です。「真摯であって不真面目」という言い回しは、〈真摯であると同時に不真面目〉という意味で、「理解よりも無理解を」という表現は、〈理解ではなく無理解を（求める）〉という意味です。どちらも、裕生の感情が両極端に揺れ動いていることを描写しているわけではありません。

②は「人物像が浮き彫りにされている」の判断に迷いますが、たしかに本文は、裕生の心情（内部）にのみ焦点をあてて描かれるだけでなく、裕生や尚子を外部から捉える別の視点からも描かれており、そのことで（内部からも外部からも描かれることで）「人物像が浮き彫りにされている」という②の説明は×とはいえません。

③は、問題なく正解にしてよいでしょう。選択肢に挙げられている比喩表現は、たしかに登場人物の繊細で鋭敏な性格を印象づける効果を上げています。

④も①同様、引っかかりやすい選択肢です。しかし「人物の容姿や行動の描写が少なく」はまだ良いとしても、「〜などのような観念的な言葉が多用されており」の部分は、明らかに不適当な説明です。「観念的」の意味は〈具体的な事実から離れ、現実性を欠いた抽象的な（頭の中だけの）考えにかたよっているさま〉です。④に挙げられている「抹消を試みる」は、本文中では、〈自殺を試みる〉とい

う具体的な行動を意味しており、観念的な言葉とはいえません。語彙力で勝負が決まる選択肢でした。

⑤は後半の「女性であることにこだわっている裕生と尚子の姿」が明らかに不適当。

⑥は「「……」が使用されることで、～二人が徐々に親交を深めていく様子が細やかに写し出されている」が不適当な説明。「……」は、二人の会話がためらいがちな、おずおずとしたものであることを表しています。

正解は②と③です。

今回出題された文章は、小説の前半部分。このあと、裕生は、〈僕〉を捨て、新たな一人称を手にします。「これは自分のために書かれた小説だ」と思った人は、ぜひ、『僕はかぐや姫』の全文を読んでみてください。ポプラ文庫から文庫と電子書籍版が出ています。

解　答　欄

問	配点	1	2	3	4	5	6	7	8	9	0
一	(各3点)	**❶**	②	③	④	⑤	⑥	⑦	⑧	⑨	⓪
		①	②	**❸**	④	⑤	⑥	⑦	⑧	⑨	⓪
		①	②	③	④	**❺**	⑥	⑦	⑧	⑨	⓪
二	(8点)	**❶**	②	③	④	⑤	⑥	⑦	⑧	⑨	⓪
三	(7点)	①	②	③	**❹**	⑤	⑥	⑦	⑧	⑨	⓪
四	(8点)	①	②	③	④	**❺**	⑥	⑦	⑧	⑨	⓪
五	(8点)	①	②	**❸**	④	⑤	⑥	⑦	⑧	⑨	⓪
六	(各5点)	①	**❷**	**❸**	④	⑤	⑥	⑦	⑧	⑨	⓪

❸ 生徒からの質問コーナー

【Q2】本って読んだほうがいいですか。

西原 読まないよりは読んだ方がいいですね。ただ、「つまらない」と思いながら読んでも身になりませんから、興味をもてる本がある人にはどんどん読んでもらいたいです。もちろん、読解力は読書量だけで決まるわけではないので、「本は読まないけれど、現代文は得意」という人もいると思います。でも、そんな人が読書をすれば鬼に金棒で、ますます高得点がとれるようになります。輿水先生は、中高生の頃たくさん本を読みましたか？

輿水 中高生の頃は、本で現実逃避していたところがあったので、そういう意味ではけっこう読んでいたかもしれません。失恋した辛さを忘れるためとか、明日から始まる定期テストのことを忘れるためとか。

西原 失恋した時は何を読んだんですか？

輿水 突っ込んでくるね（笑）。いま思い出せるのは、パール・バックの『大地』とか、ドストエフスキーの『罪と罰』とか。『大地』も『罪と罰』も、現実世界を忘れて没入してしまう面白さがあったなあ。ちなみに西原先生はどんな恋をしてきたんですか？

西原 「どんな本を読んできたんですか？」じゃなくて？（笑）僕は今の奥さん一筋でしたから、そんなに語れることは無いですね。小学生の頃は「ズッコケ3人組」「怪人二十面相」「僕らの7日間戦争」とかのシリーズを読んでいた記憶があります。中高生になると部活（野球）が生活の中心になって本を読まなくなり、大学生になって再び本の世界に戻ってきた感じですね。今になって思うのは、良い本をたくさん読んでいる人には、懐の深さというか、人間的な厚みを感じます。僕も中高生の頃、もっと本を読んでおけば良かった……。

輿水 「読みたいと思った時が適齢期」。これまであまり活字に触れてこなかったという人も、これを機会に読書を現代文の勉強の一部として取り入れてほしいです。できれば。たとえば200ページの本を一冊読めば、現代文の問題を40題解いたのと同じくらいの文章量に触れることができます。ある程度の量をこなすことで、「読むこと」が楽になってくるはずです。問題編巻末（120ページ）の「おすゝめ本一覧」もぜひ参考にしてみてください！

第4講

解説
Answer

『ひのき』（幸田文）

〔解説：輿水淳一〕

ジャンル
評論
字数
2424字
問題頁
P.51

◆切っても切れない切ない関係

僕には三人の娘がいます。同じように接してきたつもりですが、長女と次女で性格は大きく異なります。その一番の理由は、長女には妹が、次女には姉がいるということでしょう。二人は互いを意識し、ときに笑い合い、そしてときに（というか毎日）ケンカしながら、相手を〈わたし〉の中に刻み込んで成長していきます。本講の著者幸《こう》田《だ》文《あや》は、「藤」という作品で父と姉との交流を描いています。姉の歌は植物の知識が豊富で、「木の葉のあてっこ遊び」ではいつも父を喜ばせていました。そのとき文は、自分が仲間外れにされたような寂しさを感じていたようです。「ひのき」と重ねて読むと味わい深いですね。（西原）

❶ 全文解釈

1

ながく良材ばかりを手がけ、いまは各国の木材をも扱っている木材業の人にきくと、(A)言下に、良質の檜《ひのき》はどこの国へ出してもヒケはとりませんね、という。質と美しさは抜群だ、といってずらずらっと、強度が高い、湿気に強い、(a)腐ハイしない、通直*1である、木目が美しい、香気《こうき》*2がある、色沢《しきたく》*3が柔らかいという。❶いいことずくめですねといえば、そうですと笑う。檜の木肌は白くて艶がある、白く光るものに陽がさせば、たいがいは目を刺激する、それが檜の白は目を刺さない、よほど品位ある白というか、特徴のある色沢というか、いいが上にもいい、といった(B)趣きがあります、という。思わず聖書で習った、持てるものは持てる上に与えられ、という句を思いだした。❷たっぷりと、いい性格をもって生れている木なのだった。事実、(b)ケズりあげた板一枚を見ても、それがあまり上質でない板であっても、一見して素人にもわかるのは、素直さ、えらぶらない清々《すがすが》しさ、際立《きわだ》たないほんのりした色、澄んだ香り等等、なるほどおよそ嫌なところというものがないのである。ある大工さんが、檜はかんな屑《くず》さえ、時に手に取って捨て惜しく見ることがある、というのを聞いたこともある。日本は資源のすくない国だそうだけれども、こんな良木があることは誇りである。

2

でも、［逆接だ］(1)あまりよすぎると、こちらが淋しくなってしまう。❸賤《いや》しい心は、いいもの美しいもの立派なものの前へでると、ひとたまりもなく、はあと［感嘆のため息］ばかり感じ入ってしまう。殆《ほとん》ど無条件なくらい、とたんに感動してしまう。敏感だともいえるし、いいものに弱いともいえる。そこまではいいが、そのあとが困る。自分の見苦しさを思って、心がどんどんしぼ

✔ 脳内活動・重要語彙

*1 通直《つうちょく》…木目などが縦にまっすぐに通っていること。

*2 香気…よいかおり。

*3 色沢…いろつや。

❶ ひのき風呂の良い香りと綺麗な木目が思い出される。

❷ マタイによる福音書。「持っている人は与えられ、いよいよ豊かになるが、持っていない人は持っているものまで取り上げられるだろう」。いまの貧富の格差の本質を言い当てているような言葉だ。

❸ なんでだろう?

んでいき、自分はこんないいものとは遠い存在だと思いこみ、縁*4のないものだと思う。❹はあっと感じ入ったことは、実はそこでちゃんと縁が結ばれたことなのに、そうは思わなくて、逆にそこから縁の切目《きれめ》を確認したように思いちがえ、いよいよ身を小さくし、いいものとのつながりをことわってしまう。❺私もこの賤しさ❻を相当量しょって《背負っている》いるので、檜のあまりに揃《そろ》った優良ぶりを見聞きすると、感嘆しながらもだんだんに心萎《な》えていき、そのあげく、檜とはそれほどにまで良い木なんですか、人間に欠点のない人はないといいますが、檜には欠点一つないんでしょうか、❼とほそぼそと、けれども心の底には少し反撥《はんぱつ》*5もうごいていて、聞いた。(2)賤しい心、とはここを指すのだと日頃おもっているのだが、よい結縁*6をもった時に、その結縁をいつまでも喜んで持ち続けていけず、しかもそれだけでなく、今さっき感動し喜んだくせに、暫《しばら》くのちにはわけもなく反撥し、さからいたくなる、その気持を賤しいというのだ、と。いやしさとは、乏しい、貧しい、むさぼる、劣っているなどをいう言葉だが、賤しい心のうちにはしばしば、嫉妬《しっと》が同居している。檜にさからってみたくなるのも、知らぬ間の嫉妬の作用があろうか。だが、相手は［(ア)］受けて、檜にもピンからキリまで、同じ場所に同じように生きてきても、優秀な木は少なくて、難のつく、よくない木も多いものですよ、❽とつい目の前の二本立の老樹をさした。

3

樹齢三百年ほど、とその人は推定する木だけれども、［(イ)］兄弟木とでもいうような、より添ってそびえた二本立だった。一本はまっすぐ、一本はやや傾斜し、自然の絵というか、見惚《みと》れさせる風趣*7である。両木とも根張りが非常に逞《たく》ましく、土をはなれるあたりの幹の立ちあがりの強さといったら、みごとこの上ない。何百年のいのちを疑わせぬ強

＊4　**縁**…つながり・関係。

❹ だから淋しくなっちゃうのか。ちょっとわかるな。

❺ もったいないな。でもちょっとわかる。

❻ 指示語だ。この賤しさ＝いいもの美しいもの立派なものに感動するだけで終わらず、そのいいものと自分とを比べてしょんぼりしてしまうような性分、かな。

❼ この部分が木材業の人に対する筆者の質問。木材業の人はなんて答えるのだろう。

＊5　**反撥**…反発に同じ。

＊6　**結縁**《けちえん》…関係を結ぶこと・関係ができること。

❽ この部分がさっきの筆者の質問に対する木材業の人の解答だ。

＊7　**風趣**《ふうしゅ》…風情《ふぜい》のあるおもむき・風流な味わい。

さが現れている。もちろん幹はぐうんと円筒型のまま持ち上り、下枝はなく、檜特有の樹皮は谷のしめりを吸って、しっとり濡れている。なんのわけで、ピンからキリまでの話に、この木が指し示されたのかわからなかった。樹齢といい、樹勢といい、姿といい申分なく私には見えた。⑨

4 まっすぐなほうは申分ない、という。傾斜したほうは、有難くは頂けない、という。(3)そういわれても、わからなかった。

5 「だいたいこれだけの高さ、太さをもった木が、自分の重量をささえて立つのに、真直《まっすぐ》に立つのと、かしいで*8立つのとは、どっちがらくか、考えればすぐわかる。かしいだものは、よけい苦労しなければ立ってはいられない。当然、身に、どこか、無理な努力が強いられているし、その無理は当然、本来すなおであるべき木の性質を、どこかで変形させている(c)勘ジョウになる。（なるほど……）よくみて下さい。かしいだ木の樹皮には、ねじれがでています。目に見れば、ほんの僅《わず》かな、いわばカッコいいというほどの傾斜でしかないけれども、それがこの老樹を惜しいことに、傷にしています。もったいないがこの木は材にしても、上材はとれません。檜にもピンもキリもあるんです。」

6 *9相隣《あいとな》って、ならび立ち、同時同所に生れ、育って、そして無事に何百年を生きながらえて、一方は恵まれてすくすくと優秀に、一方は難をうけて苦痛を堪え、しかも劣級にあま*10んじなければならない。⑩ 種子の落ちたそもそもの場所が悪かったのか、その後に土地に微妙な変化でもあったのか、あるいは風か雪か。運不運は、両樹のあいだの畳一枚ほどの距離で、わか*11たれたことになる。(4)言いがたい哀しさで、見ずにはいられぬその木の太根で

⑨ たしかにどちらも立派な木に思えるな。ピン（優）からキリ（劣）までというより、ピン（優）とピン（優）という感じがする。

*8 **かしいで**…傾《かたむ》いて。

*9 **相隣って**…となりあって。

*10 **あまんじなければならない**…仕方のないこととして受け入れなければならない。

⑩ ほとんど同じ条件で生まれ育ったのに、この差……。せつないな。

*11 **わかたれた**…分けられた。

あった。

[7]「このかしいだ木、兄でしょうか。弟と見ますか。兄弟にしろ、友だちにしろ、ある時期にはこの二本は、ライバルであったと考えられます。そして、なにかの理由で、片方は空間を譲《ゆず》る状態になって、今日に来ているのだと思います―まっすぐなほうを庇《かば》ってやったような形なのが、あわれじゃありませんか。二本立にはよくこういうのがありますよ。」⓫

[8] その檜は、生涯の傾斜を背負って、はるかな高い梢《こずえ》に頂いた細葉の黒い繁みを、ゆるく風にゆらせていた。そのゆるい揺れでも、傾斜の*12軀幹《くかん》のどこかには忍耐が要求され、バランスを崩すまいとつとめているのだろう。木はものをいわずに生きている。かしいで生きていても、なにもいわない。立派だと思った。が、せつなかった。

⓫ これは木材業の人の言葉。

*12 **軀幹**…からだ。

❷ 解答・解説

問一 漢字の問題です。日本語には同音異義語（正常／清浄／政情など、読み方が同じで意味が異なる語）が多いので、文脈を確認して解くクセをつけましょう。同時に、漢字を覚えるときは、その意味も一緒に覚えましょう。

(a) 腐敗 ①敗北 ②廃止 ③排気 ④輩出（優れた人物が次々と世に出ること）

(b) 削り ①彫像（彫刻して像を作ること。また、その像）②分割 ③刻印 ④添削（他人の文章に手を入れて直すこと）

(c) 勘定（計算。数をかぞえること）①定石（一般に最善とされる手段、方法）②正常 ③丈夫 ④便乗（自分に都合の良い機会を利用すること）

問二 言葉の意味を問う問題です。

(A) の「言下《げんか》に」は〈相手の言葉が終わった直後に〉の意ですから、①「**言い終わってすぐに**」が正解。「げんか」という読み方もしっかりと覚えておきましょう。ちなみに、③「言葉尻をとらえて」は、〈相手のささいな言いそこないにつけ込んで〉という意味です。

(B) の「趣《おもむ》きがあります」の「趣き」は〈しみじみとした味わい・風情〉の意ですから、③「**独特の味わいがあります**」が正解。

問三 空欄に入る言葉（副詞）を選ぶ問題です。副詞は、後ろの用言（動詞・形容詞・形容動詞）を修飾する言葉ですから、後ろとのつながりにも注意しましょう。

> ② ……賤しい心のうちにはしばしば、嫉妬《しっと》が同居している。檜にさからってみたくなるのも、知らぬ間の嫉妬の作用があろうか。だが、相手は［(ア)］受けて、檜にも……

ここは、檜のあまりの優良ぶりに反発した筆者の、「檜には欠点一つないんでしょうか」という質問に、相手（木材業の人）が答えようとしている場面です。心の中であれこれ思いがからまって、ひねくれた質問を発してしまった筆者。それをどんなふうに相手が受けたか。「だが、相手は～」と逆接の接続詞でつながれていますから、相手はそんな筆者の複雑な心のうちなど気にせず、あっさりと受けたのでしょう。正解は④「さらっと」。

３ 樹齢三百年ほど、とその人は推定する木だけれども、（イ）兄弟木とでもいうような、より添ってそびえた二本立だった。

二本並んで立っている老樹を、兄弟にたとえているところです。空欄には「〜ような」に掛かる「まるで」とか「あたかも」といった言葉が入るはずです。正解は⑤「さながら」。

問四　傍線部⑴の理由を答える問題です。「あまりよすぎると、淋しくなってしまう理由」はどこに述べられているか。探しながら追いかけるような意識です。

傍線部⑴に続く文脈をもう一度見てみましょう。

２ ……⑴あまりよすぎると、こちらが淋しくなってしまう。賤《いや》しい心は、いいもの美しいもの立派なものの前へでると、ひとたまりもなく、はあとばかり感じ入ってしまう。殆《ほとん》ど無条件なくらい、とたんに感動してしまう。敏感だともいえるし、いいものに弱いともいえる。そこまではいいが、そのあとが困る。自分の見苦しさを思って、心がどんどんしぼんでいき、自分はこんないいものとは遠い存在だと思いこみ、縁のないものだと思う。

が、傍線部⑴の理由になりそうですね。たしかに、「いいもの美しいもの立派なもの」の前に立つと、自分のみすぼらしさやちっぽけさが際立つように感じられてなんだかしょんぼりしてしまうようなこと、ありますよね。僕はしょっちゅうあります。

「正解のイメージ」
いいもの美しいもの立派なものを見ると、自分のみすぼらしさやちっぽけさが際立つように思われて心がしぼんでしまうから。

では、選択肢の検討に入ります。

①は「親しみにくく孤独を感じるから」が誤り。「正解のイメージ」と大きく異なります。

②は「憧れが強すぎて、感傷的になりがちだから」が誤り。淋しくなるのは「自分のみすぼらしさやちっぽけさが際立つから」です。

③は「〜は威圧感があるので、全く気力を失ってしまうから」が×。

④の「**圧倒されて**」は傍線部(1)の直後の「ひとたまりもなく、はあとばかり感じ入ってしまう」を言い換えたものでしょう。また、「**自分の卑小さ**」とは「自分のみすぼらしさやちっぽけさ」のことです。これが正解。

問五　問五は指示語の問題であると同時に「賤しい心」の説明を求める問題と捉えることもできます。傍線部(2)の直前だけでなく直後からも根拠を拾いましょう。「ここ」という指示語が指すのは、直前の、〈「心の底」にうごく「反撥」〉です。そして傍線部(2)の直後には、その「反撥」についてもう少し詳しい説明が述べられています。

---

2 ……よい結縁をもった時に、その結縁をいつまでも喜んで持ち続けていけず、しかもそれだけでなく、今さっき感動し喜んだくせに、暫《しばら》くのちにはわけもなく反撥し、さからいたくなる、その気持を賤しいというのだ、と。

まとめると、次のような「正解のイメージ」ができます。

> 檜のあまりの優良ぶりに、ただ感動するだけで終わらず、心の底で反発も覚えてしまうような気持ち。

この「正解のイメージ」に近い選択肢は②です。②が正解。一応、ほかの選択肢がなぜ誤りかも確認しておきましょう。

①は「無条件に反発」が誤り。ただ反発するのではなく、良いなあと思いつつ、心の底では反発してしまうのです。また、「無条件」という言葉は傍線部(1)の二文後に出てきますが、そこでは「反発」にではなく「感動」に掛かる言葉として使われています。

③は、「反発する気持ち」ではなく「反発を〜言葉にして伝えようとする気持ち」となっているので×。

④は「いいものを受け入れようとしないで」が誤り。いいものを受け入れないわけではなく、受け入れはするけれども反発してしまうのです。

問六　傍線部(3)の主語を問う問題です。筆者には何が「わからなかった」のか。傍線部(3)の主語は省略されていますが、主語が省略される場合というのは、省略しても伝わるから省略されているわけです。たいてい、すぐ前に書いてあります。本文を見てみましょう。

> 3 なんのわけで、ピンからキリまでの話に、この木が指し示されたのかわからなかった。樹齢といい、樹勢といい、姿といい申分なく私には見えた。
>
> 4 まっすぐなほうは申分ない、という。傾斜したほうは、有難くは頂けない、という。(3)そういわれても、わからなかった。

檜にもピンからキリまである（良いのもあれば悪いのもある）ということを説明するために、なぜ目の前の二本の木が指し示されたのか、それがわからなかった、ということですね。つまり、この二本の木に良し悪しの違いがあるということがわからなかった。正解は①です。

問七　筆者の心情を問う問題です。これは少し難しかったかもしれません。本文から「筆者の心情が述べられている箇所」あるいは「筆者の心情を推測する根拠となる箇所」を探しましょう。

> 6 相《あい》隣《とな》って、ならび立ち、同時同所に生れ、育って、そして無事に何百年を生きながらえて、一方は恵まれてすくすくと優秀に、一方は難をうけて苦痛を堪え、しかも劣級にあまんじなければならない。種子の落ちたそもそもの場所が悪かったのか、その後に土地に微妙な変化でもあったのか、あるいは風か雪か。運不運は、両樹のあいだの畳一枚ほどの距離で、わかたれたことになる。(4)言いがたい哀しさで、見ずにはいられぬその木の太根であった。
>
> 8 木はものをいわずに生きている。かしいで生きていても、なにもいわない。立派だと思った。が、せつなかった。

「言いがたい哀しさ」「せつなかった」という言葉がありますね。筆者は何に対して「哀しさ」「せつなさ」を感じたのでしょう。

本文の末尾の「立派だと思った。が、せつなかった。」という言葉は、二本の老樹の両方に向けられた言葉ではありません。「かしいで生きてい」る木、「かしいで生きていても、なにもいわない」木に向けられた言葉です。

では、なぜ、筆者は「かしいで生きてい」る木にせつなさを覚えたのか。その理由は傍線部(4)の三文前の一文に述べられています。

まとめると次のようになります。

「正解のイメージ」
同時同所に生まれ育ちながら、運よく恵まれてすくすくと優秀に育った木に対して、もう一方の木は不運にも傾かざるをえず、その苦痛に耐えて生きながらえてきたのに、材木としては劣級とみなされてしまうことがせつない。

では、選択肢を検討していきましょう。

---

① 同時同所に生まれた檜でも、材として一方は優秀な木に育ち、一方は難のある木にしか育たないという事実が、自分の身につまされて耐え難いほどつらい。
↓×「身につまされる」とは〈他人の不幸が自分の環境や立場と重なって切実に感じられる〉という意味。同じ環境で育ったのに運不運が分かれた体験を筆者自身がしていると読める根拠は本文中にありません。また、ここでの筆者の意識は、自分に向けられているのではなく、あくまでも「難のある木」に向けられています。つまり、自分と重ね合わせてせつなく感じているのではなく、「難のある木」の扱いに対してせつないと思っているのです。

② 長いあいだ同じ場所で苦労して育ててきた檜でも、少しでもかしぐと木の性質が変形して上材にならないことがわかり、檜のような立派な木が材として役に立たないことがあるのがあまりにも悲しい。
↓×人間が苦労して育ててきたのではない。また、筆者が感じた哀しさは、「檜のような」木でも「役に立たないことがある」というような一般論ではなく、あくまで目の前のかしいだ木に感じた哀しさ。

③同じ場所にならび立つ檜の一方が、かしいで生きなければならない境遇を背負いながらも懸命に生き抜いてきたのに、木材としては劣級としてしか扱われないことがせつなかった。

↓○。**正解。**

④同じ場所に兄弟のように生まれ育った二本の檜の一方が、空間を譲り片方をかばうようなかたちで何百年も立っている姿があわれで、ひとの運不運の分かれ目を考えさせられずにはいられない。

↓×これは筆者ではなく木材業の人が言った内容。また、この部分は「片方をかばうようなかたちで何百年も立っている姿」に対するあわれさを言っているだけで、「しかも劣級にあまんじなければならない」ことへのせつなさが説明されていません。

正解は③です。

【解答欄】

問一（各2点）	(a)	①
	(b)	④
	(c)	①
問二（各3点）	(A)	①
	(B)	③
問三（各3点）	(ア)	④
	(イ)	⑤
問四（8点）		④
問五（8点）		②
問六（8点）		①
問七（8点）		③

❸ 生徒からの質問コーナー

【Q3】なんで現代文の先生になったんですか。

輿水　正直なところ、流れ流れてたどり着いた感じです。はじめから予備校講師になろうとか、現代文の先生になろうとは、まったく思っていませんでした。強いて言えば、本が好きだったから、少しでも好きなものの近くにいたかったというところかな。高校生までは身の程知らずにも程がありますがサッカー選手になろうと思っていました。「小金井の黒ヒョウ」という異名をとっていたくらいで。ただ色黒だっただけなんですけど。

西原　僕は浪人生のときに「将来は予備校講師になる」と決めていたので、対照的ですね。

輿水　それは何かきっかけがあったんですか？

西原　当時通っていた予備校の講師に感化されました。「すごい。かっこいい。自分もやろう」という、極めて単純な思考です。両親は反対していましたし、大学の進路課の人には、真顔で「なんで？」って言われましたね。

輿水　色々ある科目の中で現代文を教えようと思った理由は？　なんか就活の面接みたいになってきたけど。

西原　就活っぽいですね。就活したことないけど（笑）。特別現代文が得意ということはなかったし、特に「これ」という理由があるわけではありません。ただ、受験どうこう以前に「文章を読んできちんと自分の頭で考える」のは大切なことだと思ったし、それに携わる人生も悪くないと思った、という感じです。

輿水　そういえば西原先生の卒論テーマなんでしたっけ？

西原　「文章論的読解指導法の研究」です。この時はもう現代文講師になることしか考えていませんでしたね。社会学の研究室に所属しながら、1人だけ現代文指導の論文を書いていたので、教授にはご迷惑をおかけしました。輿水先生の卒論テーマは何だったんですか？

輿水　「ユダヤ人のアイデンティティ」。

西原　現代文感ゼロですね。

輿水　はい。自分のアイデンティティが何なのかもわかっていなかったのに、ユダヤ人のアイデンティティについて考えていました。でもまあ、今は「現代文講師である」ということが自分のアイデンティティの一つになっていると言えるかな。読者のみなさんも、将来のことを考えて焦ったり不安になったりすることがあるかもしれないけど、目の前のことを一つひとつクリアしていけば、人生の展望は開けていくものです。高村光太郎の「道程」のように。説教臭いまとめになってしまってすみません。

第5講 解説 Answer

『人はなぜ「美しい」がわかるのか』

（橋本治）

〔解説：輿水淳一〕

ジャンル	字数	問題頁
評論	2326字	P.59

◆模索・ためらい・失敗

高校生の頃の話です。数学を勉強していて「解答解説を読めば理解できるけれど、どうしてその解法を思いつくのかがわからない」ということがよくありました。たとえば、解答に「aで整理すると……」と書いてあるとき、なぜ、（bやcではなく）aで整理しようと考えられるのかがわからなかったのです。あるとき僕は、あえて解説に書かれていない方法（bやcで整理する方法）で計算を進めてみました。すると、bやcではダメな理由が見えてきて、aで整理する必然性を理解できたのです。これもまた「技術は『模索とためらいと失敗』の中からしか生まれない」ということかもしれません。（西原）

❶全文解釈

[1] 今の私達は❶「作る」ということに関してあまりにも (X) 感になっていて、「作る」ということが、無数の「出来ない」を克服した結果なのだということを忘れています。❷ 作ることに失敗したら、その結果は「出来ない」で、「作れない」なのです。「作れた！」「出来た！」というのは、その困難を乗り超えた結果の達成で、だからこそ「出来上がったもの」には、「出来上がるまでのプロセス」が刻まれているのです。博物館のガラスの向こうにある磨製※1石器が「ただの石のかけら」とは違ったものになっているのは、そこに「出来た！」に至るまでのプロセスが刻まれているからです。❸

[2] ※2新石器時代の人間にとって、磨製石器を作ることが簡単だったかどうかは分かりません。その時代に「磨製石器を作る技術《ノウハウ》」だけはあったのですから、もしかしたら簡単だったのかもしれません。しかし、※3旧石器時代を消滅させてしまうような技術❹は、誕生までに長い時間がかかりました。その技術が登場したとしたって、その技術をマスターしなければ、新石器時代人にだって磨製石器は作れません。そして、その技術をマスターしたって、個別の石にその技術を適用し、「よりよい磨製石器を作る」ということになったら、話はまた別です。だから我々は、博物館のガラスケースの向こうにある磨製石器のいろいろを見て、「これはカッコいいが、こっちはそうでもない」などと思うのです。私はそう思いますから、あなたも是非そう思って下さい。❺

[3] 完成したものは一つのフォルム*1を持っている。完成しないものには、そのフォルムさえ宿らない。そして、完成してフォルムを持ったものには、その先「よし、悪し」という新し

✔脳内活動・重要語彙

❶ 今の私たち「は」、ということは、昔の人たちは違ったんだな。昔と今の対比。

❷ 「作る」とは本来、無数の「出来ない」を克服した結果。それを忘れてしまっている今の私たちを批判する文章か。昔が＋、今が－だな。

※1・※2・※3（P61補足説明参照）

❸ なるほど。こういうことか。

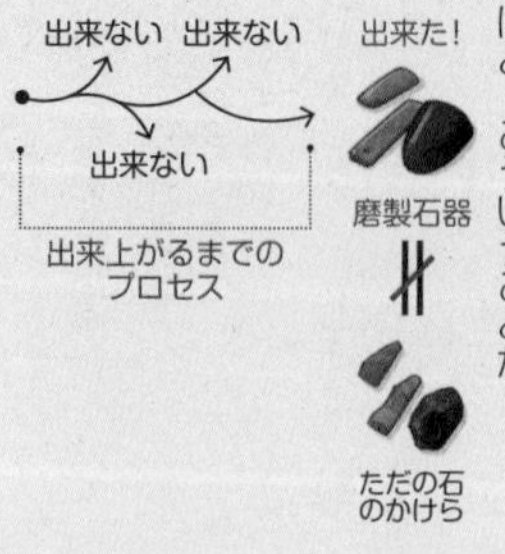

❹ つまり「磨製石器を作る技術」。

❺ うわ！ いきなり話しかけられた！やっぱり橋本治の文章は面白いな。

*1 **フォルム**…フォーム。形。

い達成基準が生まれる。❻ 人が物を作るというのは、新たなハードルを生み出すことでもあって、技術は「模索とためらいと失敗」の中からしか生まれない。そうして獲得した技術であっても、「ためらい」という混乱の中で揺れる――揺れなければ、「よりよい」という未知の領域へ届けない。技術は(A)「時間」を内包して❼、そして更に「ただの技術」として終わったものは、新しい段階に至って捨てられていく――石器というものは、それだけのことを私達に教えてくれるのだと思います。❽

4　人間は「技術」というものを我が身に備えます。その「技術」は、ただ備えただけでは意味を持ちません。人間には、「技術を適用する」ということが必要とされます。「技術」の獲得には時間がかかって、「技術の適用」には、ためらいと挫折がつきものです。❾ それは当然のことで、だからこそ、人間の「ものを作る」には時間がかかります。「いいもの」というのは、その、時間とためらいと模索の［ (B) ］で、だからこそ、昔に作られたものには「いいもの」が多いのです。❿

5　簡単な真理とは、「いいものは簡単に作れない」で、「時間をかけて作られたものは、それなりに〝いいもの〟になる」です。（ここはよくわかる）時間をかけても、「作ることに失敗したもの」は、「もの」になりません。「ものになった」ということは、それ自体で既に「いいこと」で、そのためには、それなりの時間がかかります。ものを作る人間は、時間というものを編み込んで、「作れた＝出来た」というゴールへ至るのです。⓫

〈本文P60へ続く〉

❻ イチローも言ってたな、一度バッティングフォームが完成してもそれで終わりではないって。さらに良いものを目指す段階が次にある。

❼
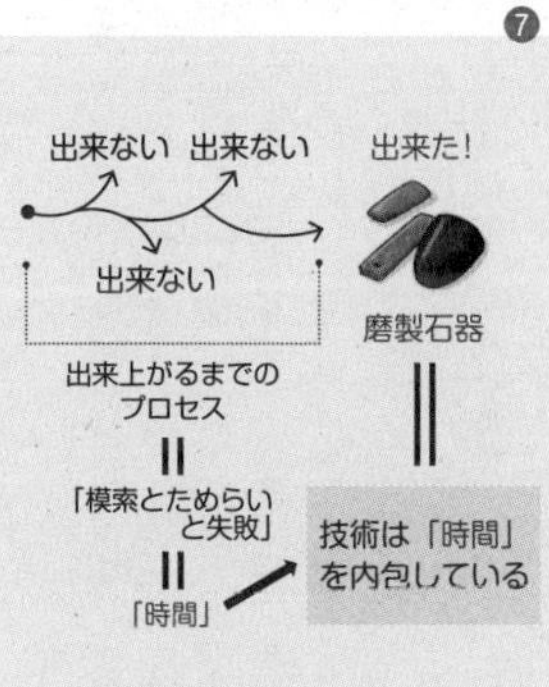
出来ない
出来ない
出来ない
出来た！
磨製石器
出来上がるまでのプロセス
＝
「模索とためらいと失敗」
＝
「時間」
技術は「時間」を内包している

❽ 博物館に並べられた磨製石器からよくこれだけのことが思いつくな。

❾ 現代文を教え始めて20年。教える技術はそこそこ身についたけど、今でも授業は怖いし失敗もしょっちゅう……。

❿ 昔は時間をかけてものを作っていたから、昔に作られたものには「いいもの」が多い。

⓫ 「編み込む」という表現は、もの作りに時間をかけることが必須であるということをうまく言い表しているな。

6 昔には「簡単に作れる」という質の技術がありませんでした。だから、ものを作る人間は、時間をかけるしかありませんでした。⑫そして、「ちゃんと作る」をしないと、「作る」がまっとう出来ません。「ちゃんと作る」はまた、「失敗の可能性」を不可避的※4に浮上させて、「試行錯誤※5」を当然とさせます。⑬「ためらい」と「挫折」があって、そのいたるところに口を開けた「失敗への枝道」を回避しながら、「出来た」の待つゴールへ至らなければなりません。⑦参照「作る」という行為は、葛藤*2の中を進むことなのです。「ものを作る」という作業は葛藤を不可避として、葛藤とはまた、「時間」の別名でもあります。「時間をかける」とはすなわち、「自分の都合」だけで生きてしまう人間の、「思い込み」という美しからぬ異物を取り去るための行為なのです。「葛藤は、完成のための研磨材」かもしれません。⑭

7 ところが⑮人間はある時、この「時間がかかる」を、「人間の欠点」と思うようになりました。「欠点だから克服しなければならない」と思ったのです。それで、「時間がかかる」を必須とする「人間の技術」を、機械に移し換えようとしたのです。産業革命以降の「産業の機械化」とは、この事態です。⑯

8 機械化による大量生産は、ものを作る人間から、「ためらい」という時間を奪いました。ものを作りながら、(c)ろくでもない「思い込み」を削り落とし、「完成＝美しい」というゴールへ近づけるプロセスを排除してしまいました。つまり、ためらいぬきで、「観念」⑰が現実化してしまうということです。

9 そうなった時、「ためらい」は、「観念」を現実化する前の段階でだけ起こります。「試作」というためらいの期間が終わったら「観念」はそのまま、ためらうことなく現実化されるの

⑫ なるほど。昔に「は」なかった、ということは、今は「簡単に作れる」技術があるということ。だから、今は時間をかけなくなってしまったのか。

※4・※5（P61補足説明参照）

⑬ たしかに。「適当に作る」場合はハードルが下がるから「いいもの」が出来なくても「失敗」にならないし、「試行錯誤」も不要だろう。「ちゃんと作る」からこそ「失敗の可能性」も高まり「試行錯誤」が不可欠になる。

＊2 **葛藤**…①人間関係のもつれ。②あれこれ迷い悩むこと。

⑭ たしかに授業準備にかける時間が少ないと、「これでうまくいくはず」という「思い込み」を取り去ることができなくて授業で失敗することが多いな。「ああでもない、こうでもない」と葛藤することで、少しずつ「思い込み」を取り除き、より良いものに近づけることができる。この問題集の執筆も葛藤してばかりで原稿がなかなか進まないけど、「いいもの」に仕上げるためだから仕方ないか。じっくり時間をかけよう。

⑮ 逆接だ。ここまでは＋の内容だったか

です。その一直線のプロセスに、もう「ためらい」は存在しません――それが存在することは、⑱ただ「生産ラインの故障」なのです。

10 ものを作る人間も「試作」をします。そして、「試作」の後の段階になっても、相変わらず「ためらい」を実践します。ためらいながら、その「ためらい」を克服しつつ、(D)「作る」の道を進むのが人間です。⑲しかし、機械に「作る」をまかせてしまった人間は、そのことがよく分からなくなってしまいました。だから、人の住む町は、「これは美しいはず」「合理的であるはず」「機能的であるはず」という、「観念がそのまま形になってしまった物」に(Y)侵され、それを修正することも出来ぬまま、(E)「美しくない物」を氾濫させているのです。

ページ	重要表現（語彙）	補足説明
58	※1 磨製石器	打ち砕いた石をさらに研磨して仕上げた石器。日本では縄文・弥生時代に多用された。
58	※2 新石器時代	磨製石器や土器を用い、牧畜・農耕を始めるようになった時代。
58	※3 旧石器時代	石を打ち砕いて作った打製石器を用いていた時代。
60	※4 不可避	避けられないこと。不可○＝○できないこと。（Ex.不可視＝見えないこと。不可知＝知ることができないこと。不可逆＝戻れないこと。不可欠＝欠くことができないこと、なくてはならないこと）
60	※5 試行錯誤	様々な試みを繰り返し、失敗を重ねながら目的に近づいていくこと。トライ＆エラー。

ら、ここからは一の内容になりそう。

⑯ なるほど……。「時間をかける」ことではじめて「思い込み」を取り去ることができるのに、機械化によって時間短縮をはかってしまったのか。

⑰ 「観念」は〈頭の中の考え〉という意味だから、ここでは〈こうしようという設計図〉のようなものかな。

⑱ 作りながら修正したり微調整したりすることなく、一度決めた設計図をそのまま形にしてしまう。

⑲

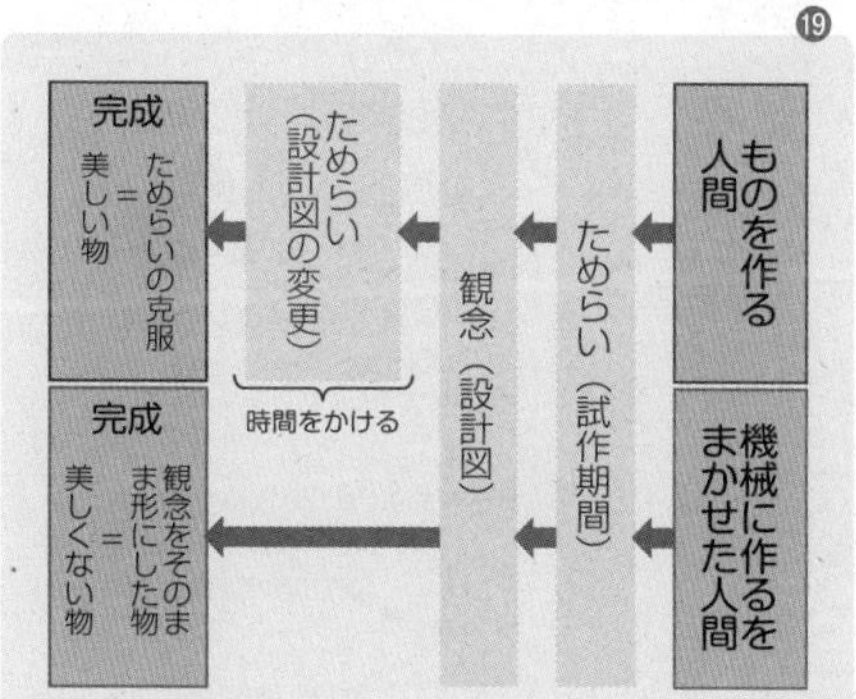

❷ 解答・解説

問一　この問題は、空欄を含む一文だけで解けそうです。その一文を引用しましょう。

> 1 今の私達は「作る」ということに関してあまりにも［(X)］感になっていて、「作る」ということが、無数の「出来ない」を克服した結果なのだということを忘れています。

右の文で丸く囲った助詞の「て」は、因果関係を表しています。「食べ過ぎて苦しい」の「て」です。

> 今の私たちは「作る」ということに関して［(X)］感になっている　(因)
> ←
> 「作る」とはどういうことかを忘れている　(果)

「敏感」になっていたら忘れないですよね。正解は⑤の「鈍」です。

問三　傍線部の言い換えとして「適当でないもの」を選びます。

下図を見てください。傍線部Ⓐの「時間」とは、その技術が「出来上がるまでの時間」のことです。たとえば磨製石器であれば、磨製石器という技術ができるまでのプロセス、その技術が誕生するまでにかかった長い時間のことです。間違っても、磨製石器が出来上がってから、現在博物館に陳列されるまでの時間のことではありません。したがって正解は③。

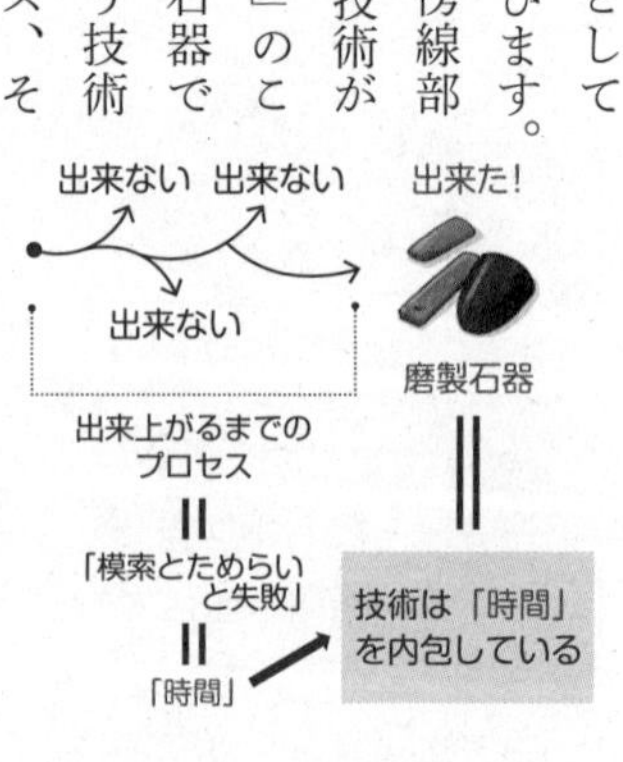
出来た!
磨製石器
出来ない
出来ない
出来ない
出来上がるまでのプロセス
＝
「模索とためらいと失敗」
＝
「時間」
技術は「時間」を内包している

①と②は「出来上がるまでの時間」について述べていますから、適当です。④も「ちゃんと作る」≒「時間をかけて作る」に関する内容、つまり「出来上がるまでの時間」に関する内容ですから、傍線部Ⓐの「時間」と矛盾しません。また⑤も、「一つのフォルムを持っている＝完成したもの」なので、完成するまでの長い時間を含んでいます。

問四　空欄(B)の文の主述関係を確認しましょう。

「いいもの」というのは（主部）
時間とためらいと模索の［(B)］だ（述部）

そうすると、ここまでの文章の内容から、空欄には次のような内容が入るはずです。

> 「いいもの」
> ＝
> 時間とためらいと模索の積み重なりの結果、出来上がるものだ

「積み重なりの結果、出来上がるもの」、これが、空欄(B)の「正解のイメージ」です。この「正解のイメージ」に合う選択肢を探します。

①と③で迷う人が多いのではないでしょうか。①の「結晶」は、比喩的に〈ある事柄が積み重なり、他のある形をとって現れること〉という意味を持ちます。たとえば「今日の勝利は、日々の努力の結晶だ」というように。先ほど確認したように、［(B)］に入るべき内容は、「積み重なり」ではなく「積み重なりの結果、出来上がるもの」ですから、③の「蓄積」よりも①の「結晶」の方が良さそうです。正解は①。

ちなみに②の「媒体」は〈何かと何かをつなぐ仲立ちとなるもの〉。英語ではmedia（メディア）です。本も電話もテレビもインターネットもメディアです。また⑤の「意匠《いしょう》」は、〈❶（作品を作るときの）工夫。❷デザイン〉という意味をもつ言葉です。「媒体」や「意匠」はこのような空欄問題だけでなく、漢字問題としてもよく出ます。知らなかった人は覚えてしまいましょう。

問五

> 傍線部(C)「ろくでもない『思い込み』」とあるが、それはなにによって削り落とされるのか。

これは「差がつく問題」です。迷った人、間違えてしまった人は、面倒くさいかもしれないけれど、この部分の解説

5

を腑に落ちるまでしっかり読んでください。

傍線部(C)を含む段落の内容をプラス・マイナスに注意して整理してみましょう。

> 機械化による大量生産は、ものを作る人間から、〈「ためらい」という時間〉を奪いました。
>
> ＝
>
> （機械化による大量生産は）〈ものを作りながら、《(C)ろくでもない「思い込み」》を削り落とし、「完成＝美しい」というゴールへ近づけるプロセス〉を排除してしまいました。
>
> ＝
>
> ためらいぬきで、「観念」が現実化してしまうということです。

ここでのポイントは、

> 〈「ためらい」という時間〉
>
> ＝
>
> 〈「思い込み」を削り落とすプロセス〉

という同格（イコール）関係の把握です。

ろくでもない「思い込み」を削り落とすのは「ためらい」という時間です。「これで本当にいいのだろうか……」と悩む「ためらい」の時間が、「これは美しいはず！」という「思い込み」を削り落とす（取り除く）。納得できますよね。ところが「字面読み」をしている人は、たとえば、

「ためらい」＝「思い込み」

のようにイコールにならないものをイコールでつないでしまいます。「ためらい」は「思い込み」ではなく、「思い込みを削り落とすもの」です。

では、選択肢を見ていきましょう。ろくでもない「思い込み」はなにによって削り落とされるのか。「正解のイメージ」はずばり、

> 「『ためらい』という時間」

です。

①の「ためらいぬきでの観念の現実化」は「ためらい」をぬいてしまっているので×。

②の「**試作のあとの段階でのためらいの実践**」は『ため

らい』という時間」と同様の内容です。正解。

③の「時代を消滅させてしまうようなノウハウ」（たとえば「磨製石器」など）は、「『思い込み』を削り落とすもの」ではなく、「『思い込み』を削り落とした結果、生まれるもの」なので×。

④の「簡単に作れるという質の技術」は、「思い込み」を削り落とすどころか、それをそのまま形にしてしまうものです。×。

⑤の「機械化による大量生産」も、「思い込み」をそのまま形にしてしまうものです。そして「機械化による大量生産」が削り落とすのは「思い込み」ではなく、「『ためらい』という時間」です。

問六

> 傍線部(D)「『作る』の道を進む」という内容に当てはまらないのは次のうちどれか。

この問題は、それほど難しい問題ではありません。取りこぼしたくない問題です。ここでも、プラス・マイナスの識別が有効です。

傍線部(D)「『作る』の道を進む」はプラスですね。その内容に当てはまらないものを選ぶのですから、正解はマイナスの内容であるはずです。選択肢の中でマイナスの内容になっているものは⑤「**時間がかかることを嫌う**」だけです。

正解は⑤。

問七

傍線部(E)の理由を三十一字以上四十字以内で説明する問題です。記述問題を苦手とする人にまず意識してほしいのは、

> ❶「問いに対して答える」
> ❷「ちゃんと考えて答える」

ということです。

「よくわからないけど、とりあえずそれっぽい内容を抜き出して答えました」じゃだめです。傍線部の説明を求められているのであれば、ちゃんと考えて傍線部の説明になるような答案を作る。傍線部の理由を聞かれているのであれば、「なぜだろうか」とよく考えて、傍線部の理由になる

ような答案を作る。

もちろん「ちゃんと考えて答える」といっても、本文を無視して考えてはいけません。あくまでも本文にもとづいて考え、基本的には本文の言葉を抜き出して答えます。でもその抜き出しのときに、何も考えていない人が多い。「どこを抜き出すべきか」「どの表現を使うべきか」をよく考えてください、ということです。

さて、今回聞かれているのは、「『美しくない物』を氾濫させている」のはなぜか、ということです。

理由を考える前にまず、「何が」「『美しくない物』を氾濫させている」のか、つまり主語を確認しましょう。すると傍線部(E)を含んだ一文の冒頭に「人の住む町は」とあります。ただ、「町が」何かを氾濫させることはできません。ここは比喩的な表現です。ですから傍線部(E)の主語は「(町に住む)人」だと考えましょう。

では、なぜ人は「美しくない物」を氾濫させているのか。順番に考えていきましょう。

人は(E)「美しくない物」を氾濫させている

→ なぜ？

❶「観念」をそのまま形にしてしまったから

→ なぜ？

❷「ためらい」を実践しなくなったから

→ なぜ？

❸機械に「作る」をまかせてしまったから

→ なぜ？

❹「時間がかかる」を「人間の欠点」だと思い、欠点を克服しようとしたから

こんな風に本文から「理由」を探し、さらに「理由の理由」を探していきます。あとは字数制限との兼ね合いで、傍線部に近い要素から優先的に解答に盛り込んでいきます。

【解答例】

❸機械に「作る」をまかせた人間は、（主語）❷ためらいぬきで❶「観念」を現実化させているから。(39字)

どう頑張っても❹は字数に入らないので、優先順位の高

い❶〜❸を入れます。各要素×4点、さらに主語として「人間」や「人」が入っていれば4点です。本文で常に「　」が付けられている言葉は、極力、「　」を外さずに使いましょう。ちなみに解答例の〈ためらい〉という部分に「　」が付いていないのは、本文に「　」なしの〈ためらい〉があったからです（傍線部Ⓒの次の文）。

次のような解答はどうでしょうか。

「観念がそのまま形になってしまった物」に侵されそれを修正することもできないから。（40字）

傍線部Ⓔの直前をほとんどそのまま抜き出してきた解答です。❶の要素は入っているので4点はもらえますが、それ以上は望めません。「なぜ『観念がそのまま形になってしまった物』に侵されているのか」、「なぜそれを修正できないのか」。まだまだ理由を述べられますよね。字数が……という声も聞こえてきそうですが、たとえば、

> 「観念」をそのまま形にしてしまった物
> ＝
> 「観念」の現実化

のように、同じような内容であればなるべく短い表現を探し、ほかの要素も入れられる余地を作りましょう。

【解答欄】

問一（3点） ⑤	問二（3点） ②	問三（8点） ③	
問四（4点） ①	問五（8点） ②	問六（8点） ⑤	

問七（16点）
機械に「作る」をまかせた人間は、ためらいぬきで「観念」を現実化させているから。

第6講

解説
Answer

『自由のこれから』

（平野啓一郎）

〔解説：西原剛〕

ジャンル
評論
字数
2206字
問題頁
P.67

◆わからないからわかりたい

けっこう難しい文章と感じた人も多いのではないだろうか（僕はこの文章がなかなか頭に入ってこなかった）。「新自由主義」とか「全体主義」みたいな○○主義がたくさん出てくるし、「疲労の平等」なんていう聞き慣れない言葉の組み合わせも出てくるし……。すらすら読めたのは筆者の十代の頃の体験談のところくらいだ。でも、文章を、「ここは難しいな」とか「ここはよくわからないぞ」と思いながら読むことは、実はとても大事なことだ。「わからない」という自覚は「わかりたい」という欲求（＝エネルギー）を生む。一番怖いのは「わかったつもり」になってしまうこと。さあ、西原先生の脳内活動を見てみよう。（輿水）

❶ 全文解釈

1 今日、自由が議論に上る理由の一つは、自己責任論を説く[*1]新自由主義的な発想が世に蔓《まん》延《えん》している❶からである。

2 一般に語られている内容❷は、実に単純なことで、豊かな生活を手にしたのは、自分が努力したからだ。貧しいのは、努力が足りないからだ。――ほぼこれに尽きる。実力社会だ、甘えるな、という一種の根性論だが、「努力」ではなく、[A]「能力」の差だといった決定論的な言い方にならないところが一つのミソだろう。

3 資本主義の発展に伴う「自助《セルフ・ヘルプ》」の思想は、一九世紀イギリスのヴィクトリア朝時代以来、何度となく語られてきたが、今日、こうした自己責任論が支持される背景には、国家の財政的な[*2]リソースがコ[B]カツしてきていることに対する不安が強く作用している。❸

4 貧しかろうと富んでいようと、それは、個人の自由な決断によって切り拓《ひら》かれた人生の結果だというのが、社会保障費を貧困層に分配せずに済ませるための理屈である。その主張は年々、ヒステリックになっていて、「真面目に働く納税者が損する社会になってはいけない」という保守系政治家の主張に賛同する声も少なからずある。❹

5 社会的弱者は、財政難の国家に「迷惑をかけている」というわけで、ここまで来ると、もはや、新自由主義というより、[C]全体主義である。

6 新自由主義的世界観に対しては、さまざまな批判がある。努力次第と言っても、そもそもの条件は平等なのか？

7 トマ・ピケティの『21世紀の資本』は、資産の成長率が給与所得者の賃金の成長率よりも

✔脳内活動・重要語彙

*1 **新自由主義**…政府などによる規制の最小化と、自由競争を重んじる考え方。

*2 **リソース**…資源・資産。

❶「蔓延」は「はびこっている」こと。否定的な意味があるから、筆者は「新自由主義的な発想」に反対なのかな。

❷一般論は筆者に否定されることが多い。

❸国のお金がなくなるのが不安なので、「困っても自分で解決しろ」という声が広がっている。

❹何年か前、神奈川で生活保護をめぐる問題があったな（神奈川県のある自治体で、生活保護業務を担当する職員が「HOGO NAMENNA（保護なめんな）」と記載したジャンパーを着用し、業務を行っていた。生活保護受給者を威圧するものとして、多数の批判が寄せられた一方、「不正を許さない気持ちは大事」という擁護意見もあった）。

高いこと❺を膨大なデータを用いて示し、日本でも大きな話題となった。持てる者はますます富み、しかも相続を通じてその経済格差は、社会の中で固定化されてゆく。

8 かつては、一億総中流社会と呼ばれた日本でも、経済格差が拡大し、貧困が世代を通じて固定化されていく懸念が強まっている。❻

9 貧しい家庭に生まれた人が貧しいままでいるのは、その人の自由な選択の結果だとはとても言えない。そうした社会では、富める者も貧しい者も、自覚するのは自由より「運命」的なものだろう。❼

10 もちろん、❽一代で成功し、富を築く人たちもいる。富裕層ではないが、生活は安定しているという人たちもいる。そのことに対する嫉妬が、彼らの努力や功績を貶《おとし》めるというのは、確かに日本で見られる憂鬱《ゆううつ》な現実の一つである。成功しても評価されないとあっては、人生が虚《むな》しくなるのも当然である。

11 しかし、❾それ以上に、彼らが社会的弱者に対して手厳しく努力を強い、怠惰を戒めるような口調になるのを見ると、奇異な印象を受ける。「なぜ、努力しないのか」という非難には、その見返りとしての「成功」の素晴らしさを讃《たた》える表現よりも、しばしば、自身の苦労体験の強調が見られる。

12 『空白を満たしなさい』という小説の中で書いたことだが、今日、私たちの社会で経済格差をあるいは肯定し、あるいは否定する唯一の条件があるとするならば、それは「疲労」である。❿

13 もし裕福な生活が、生まれ育ちや才能といった先天的な条件によるのではなく、絶え間

❺ 一生懸命働いても、もともと資産を持って生まれた人より裕福にはなれず、格差が拡大していくこと。

❻ 日本の子どもの相対的貧困率はかなり高いと聞いたことがあるな（二〇二一年時点で一一・五％。約九人に一人の割合）。

❼ 生まれた時点で貧富がほぼ決まってしまうのであれば、それは自由な選択の結果ではなく、「運命」だと考えるしかなくなる。

❽ 「譲歩」の接続詞。逆接を予測して読もう。

❾ 予測通り逆接。このあとが大事な内容だ。

❿ どういうこと？　「唯一の条件」なのだから大切な内容だよな。しっかり理解しよう。

ない努力による「疲労」との交換で得られたものであるならば、彼らの成功は受け容れられるだろう。⑪

14 他方、貧困層が身をすり減らして働き、疲労困憊《こんぱい》している姿を見せられれば、［　D　］。

15 しかし、そうした目に見える疲労がなければ、持てる者は尊敬されず、持たざる者は同情されないという息苦しさが、いまの日本には蔓延している。つまり、疲労の平等が、富の再分配の条件だというわけである。⑫

16 自分の苦労の分だけ、他人も苦労していなければ損したような気分になる。こうしたメンタリティのもっと身近な例として、私の十代の体験を紹介したい。⑬

17 私の通っていた高校には、三年生の夏休みになっても、秋の体育祭の練習のために登校を命じられるような理不尽なところがあった。⑭

18 私や私の親しい級友たちは、馬鹿馬鹿しいので、一切その練習に参加しなかったが、真面目な女子たちは多くが参加していて、あとでそのことを巡って大ゲンカになった。

19 私はてっきり、そういうお祭り行事が好きな人たちがいて、勝手にやっていることで、参加するのもしないのも自由だと思っていた。ところが、言われたのはこういうことだった。⑮

20 「自分たちだって、やりたいと思ってやってるわけじゃない。予備校の夏季講習にも出られないし、受験の不安もある。けれども、他のクラスもみんなやってることだし、やらないといけないからやってる。それをサボるのは身勝手だ。」

---

⑪ 「疲労」は「苦労」とも言い換えられるな。「苦労」の結果の「金持ち」ならみんなが認める。TV番組でも、成功した人の「あのときは大変だった」という苦労話をよく目にするな。

⑫ 同じくらい疲労しているなら(=疲労が平等なら)お金を出してやっても良いということ。 **問四**

⑬ 具体例が始まるんだな。

⑭ 僕の高校もそうでした。部活と文化祭が最優先。

⑮ わかりやすい具体例が続くな。少し読みのスピードを速めよう。

21 私は驚いて、そんなに嫌ならやらなければいいじゃないかと言った。自分たちだって我慢してやっているのだから、嫌でもみんなやるべきだという理屈は、誰も幸せにしない。その後のやりとりがどうなったかは忘れたが、とにかく、この一件は非常に大きな教訓になった。⑯

22 実際、サーヴィス残業にせよ、自由な意志でやっているというより、やらざるを得ないから我慢してやっていて、だからこそ、さっさと退社する部下や同僚が許せない⑰という悪循環は、E月並みな光景だろう。いわゆる「ゆとり世代」への批判は、大体、Fこの類である。⑱

23 新自由主義者の「自分たちも楽しく仕事をしているわけじゃないけど、しなければいけないから仕事をして、給料をもらい税金を納めている。なのに、働いていない奴《やつ》が社会保障費をもらっていいのか」という不寛容な自己責任論。その背景には、自由どころか、こうした苦労と疲労の負債が堆《うずたか》く積み上がっているのではあるまいか。⑲

⑯ ここまでが体験談。要は、「自分の苦労の分だけ、他人も苦労していなければ損した気分になる」ということだな。

⑰ 自分のしている苦労と同じくらいの苦労をしていないと許せない。

⑱ つまり、自分たちはかつて苦労したのに、「ゆとり世代」は同じくらいの苦労をしていない（気がする）ので許せない、ということ。

⑲ 自分はたくさん苦労したのだから、周囲の人も同じくらい苦労していないと許せない、という考え方が蔓延している。気持ちはわかるけど、この論理は誰も幸せにしないよな……。

❷ 解答・解説

第6講からは西原が解説します。基本的には輿水先生の解説と同じ方針で進めますが、人が違う以上、アプローチが異なる箇所もあると思います。この問題集では、そうした「違い」も意図的に残していますので、二人の解説を参考にしつつ、考え方の幅を広げていってくださいね。

問一　傍線部の理由説明問題です。[2]冒頭で、

・豊かな生活…本人が「努力」したから。
・貧しい生活…本人の「努力」が足りないから。

……という「一般的な見方」が示されています。自己責任論者は「貧富の差は『能力の差』によって生まれる」とは言いません。「努力の差」であれば、「貧しいのはお前が努力しないからだ」と、本人のせいにできますが、「能力の差」となると、「遺伝だから仕方がない」ということになってしまうからです。

・「努力の差」…本人が悪い。
・「能力の差」…遺伝だから仕方がない。

以上より、正解は②です。

①は「貧富の格差を肯定してしまう」が誤りです。「能力」の問題と考える場合、貧富の差は肯定しづらくなります。

③「自助」とは自分で自分を助けることで、この文章では、自己責任論の一種として[3]で紹介されています。自助を重視するのは、貧富の差を「努力」の問題と考える人なので、「『能力』の問題と考えると」は誤りです。

④は、「当人を責めるのが難しくなる」が誤りです。貧富の差を「努力」の問題と考えれば、「努力が足りないお前が悪い」といった形で、当人を責めやすくなります。

⑤「『努力』の問題と考えると、単なる根性論になってしまうから。」では、「能力」という言い方をしない理由になりません。

問三　傍線部の内容説明問題です。傍線部(C)を含む一文を抜き出します。

[5] 社会的弱者は、財政難の国家に「迷惑をかけている」というわけで、ここまで来ると、もはや、新自由主義というより、全体主義である。(C)

「○○主義」が出てきたら「○○を重視する考え方」と言い換えると、わかりやすくなります。たとえば「平和主義」は「平和を重視する考え方」ですね。本文の「全体主義」は「(個人よりも) 全体 (の利益) を重視する考え方」ということになります。傍線部前の「社会的弱者は、財政難の国家に『迷惑をかけている』」という主張には、社会的弱者という個人の救済よりも、国家(の財政)という全体を重視する価値観がよく表れているので「全体主義」と呼んでいるわけですね。⑤が正解です。

①は「全体主義」ではなく「新自由主義」的な考え方です。②は「不安を考えようとしない」が誤りです。本文に書かれているのは、国家財政に対する不安から、社会保障を行わないという話です。③「ヒステリックに賛同」は[4]、④「決定論的な言い方にはならない」は[2]に書いてありますが、いずれも「全体主義」の説明になっていません。

〈＊〉「みんなに迷惑をかけるな」という全体主義的主張は、日本では強い力をもちます。本文の文脈からはやや離れますが、今から四十年以上も前に、山本七平《やまもとしちへい》という評論家が『「空気」の研究』の中で次のように書いています。

…「空気」とは何であろうか。それは非常に強固でほぼ絶対的な支配力をもつ『判断の基準』であり、それに抵抗する者を異端として、『抗空気罪』で社会的に葬るほどの力を持つ超能力であることは明らかである。(文春文庫／22頁)

「場の空気」を読めない人は、『抗空気罪』(面白いネーミングですね)によって葬られてしまう。『抗空気罪』はときに、実際の法律よりも強い規制力を発揮します。〈＊〉

問四 空欄補充問題です。前後も含めて抜き出します。

[13] もし裕福な生活が、生まれ育ちや才能といった先天的な条件によるのではなく、絶え間ない努力による「疲労」との交換で得られたものであるならば、彼らの成功は受け容れられるだろう。

[14] 他方、貧困層が身をすり減らして働き、疲労困憊《こんぱい》している姿を見せられれば、[D]。

[15] しかし、そうした目に見える疲労がなければ、持てる者は尊敬されず、持たざる者は同情されないという……

6

「他方」と「しかし」という、逆接的な言葉が連続しているので、少し読みにくいですね。それぞれ何と何を対比しているでしょうか。一度自分で考えてみてください。

（考えてくれたと信じて）解説に入ります。[13]は「疲労がある裕福な人」の話、[14]は「疲労がある貧困層」の話をしていますね。「他方」は、「裕福↕貧困」（[13]↕[14]）という対比関係を示しています。[15]は「しかし、そうした目に見える疲労がなければ」とありますので、「しかし」は、「疲労あり↕疲労なし」（[13]&[14]↕[15]）という対比関係を示しています。

左に図示します。

> [13] 疲労あり・裕福 → 受け入れられる。
>
> ↕ 他方　≒「疲労あり」なら「裕福」でも「貧困」でもOK！
>
> [14] 疲労あり・貧困 → [D]。
>
> ↕ しかし
>
> 疲労なし・持てる者（裕福）→尊敬されない
>
> ≒「疲労なし」なら「裕福」でも「貧困」でもダメ！
>
> [15] 疲労なし・持たざる者（貧困）→同情されない

上図より、[D]は、「貧困層に同情できる」という内容になるはずです。

①③⑤は正反対の意味になってしまうので選べません。

残りの②と④を比べましょう。

> ② 周囲の者は自ら率先して彼らを救済するだろう。
>
> ④ 社会的に彼らを救済することに同意するだろう。

②は「自ら救済する」、④は「社会的に救済することに同意する」なので、救済の仕方が少し異なります。本文ではどちらの救済を想定しているでしょうか。

[4]「社会保障費を貧困層に分配」、[15]「富の再分配」とあります。「富の再分配」というのは、国家が、政策によって、富裕層の富を経済的弱者に回すことです。輿水先生のような高所得者からバンバン徴税して、社会保障や福祉に回すということですね。つまり、本文で書かれているのは「国家が貧困層を救済する」という話ですから、②「自ら救済する」よりも、④「**社会的に救済する**」が近いでしょう。④が正解です。

問六　傍線部**F**の「この」は指示語ですから、直前の内容をチェックしましょう。サーヴィス残業について「自分は我慢してやっているのだから、さっさと退社する人のことが許せない」という話ですので、④が正解です。ほかの選択肢はいずれも、直前の内容をおさえられていません。

問七　選択肢を一つずつ吟味していきましょう。

①について。2に『能力』の差だといった決定論的な言い方にならない」とありますが、これは、問一の解説で説明したように、『能力不足』と言うと『遺伝だから本人は悪くない』ことになってしまうので、そういう言い方はせずに『努力が足りないお前が悪い』という言い方をする」ということです。決定論を避ける（そして本人の努力不足を責める）のは、「貧困を責める側」なので、選択肢の「貧困層は」という主語は誤りです。×。

②は、15「疲労の平等が、富の再分配の条件だというわけである」と合致します。同じくらい疲労していれば富を回してやっても良い、という考え方ですね。○。

③は、9「そうした社会（＝貧富の格差が固定化された社会）では、富める者も貧しい者も、自覚するのは自由より『運命』的なものだろう」と合致します。○。

④について。ピケティの話は7にありますね。「資産の成長率が給与所得者の賃金の成長率よりも高い」とあります。簡単に言えば、「資産の価値が上がるスピードの方が、賃金が上がるスピードよりも速いよ」ということ、もっとかみくだいて言えば、「いくら頑張って働いても、はじめから資産を持っている人には勝てないよ」ということです。たとえば、僕は五年程前に建売の一軒家を購入しましたが、お金がなかったので三五〇〇万円の住宅ローン（三五年払い……）を組みました。これを三五年かけて返済すると、利子がついて総額五〇〇〇万円近くになります。返済を待ってもらう代わりに一五〇〇万円も余計に払うわけですね。これでは僕がどんなに授業を頑張ろうと、なかなか裕福にはなれません。

本文に戻ると、経済格差が生まれるのは「資産の成長率が給与所得者の賃金の成長率よりも高い」からであり、選択肢④「資産と賃金の成長率が比例関係にない」からではありません。×。

⑤について。「高校の親しい級友」と「現在の新自由主義者」に共通性はありません。共通性があるのは、当時の「真

面目な女子たち」と「現在の新自由主義者」です。×。

〈＊〉「人生は自分で切り開くことができる」という考え方は、順境（物事が都合よく運んでいる境遇）では心地よく響きますが、逆境では自分を余計に苦しめる可能性があります。一方、「人生は運命で決まっているものだ」という考え方には、「上手くいかなくても、あなたのせいじゃないよ」と言ってもらえるような優しさがありますが、そこからは現況を打ち破るような強いエネルギーは生まれにくいでしょう。どちらが正しい考え方なのかは、「人による」「状況による」としか言えません。長い人生の中では「努力主義」が必要なときも「運命主義」が必要になることもあります。大事なのは、自分自身が幸せに生きていけるような、自分なりの価値観を少しずつ形作っていくことでしょう。〈＊〉

【解答欄】

問	解答
問一（8点）	②
問二（3点）	④
問三（7点）	⑤
問四（6点）	④
問五（4点）	②
問六（7点）	④
問七（各3点）	① × ② ○ ③ ○ ④ × ⑤ ×

第7講

解説
Answer

『戦争を記憶する』

（藤原帰一）

〔解説：西原剛〕

ジャンル	字数	問題頁
評論	3502字	P.77

◆二つの理想のぶつかり合い

広島平和記念資料館とホロコースト博物館。二つの「戦争を記憶する場所」の共通点と相違点に目を向けるところから論を起こし、戦争観というものが地域と歴史経験によっていかに異なるかというところまで読者を連れて行く文章だった。理路整然としていて読みやすい文章だったが、そこで問われていることは、非常に難しい問題だ。理想と現実のぶつかり合いならば、現実を理想に少しずつでも近づけていけばいい。しかし二つの理想がぶつかり合う場合、どのように折り合いをつければ良いのか。良い文章は、読者を、読む前にいた場所とは違う場所へ連れて行く。西原先生の解説でさらに理解を深めよう。（輿水）

❶ 全文解釈

[1] 戦争を記憶する博物館として、広島の平和記念資料館とワシントンのホロコースト博物館[*1]は、重なるところが多い。犠牲者を悼むことが出発点にあることでも、過去を伝えるばかりでなく、そこから現在の戦争と平和について考えるように誘われる点でも、また展示ばかりではなく、資料の収集と研究を行う点でも、そっくりだといっていいほどだ。ところが、(1)この二つの博物館は、戦争の記憶から引き出された、戦争と暴力についての価値判断が、まるで違う方向を向いている❶。

[2] 広島の記念館は、何よりも核兵器の廃絶を訴えている。平和運動で用いられることばを使えば、核兵器は「絶対悪」とされ、その延長上には、戦争そのものを絶対悪として捉える考え方❷がある。

[3] 広島の記念館は、戦争を起こした責任や、原爆を投下した責任を問いかけているとは必ずしもいえない❸。主体と行動の責任を問うのではなく、核兵器という兵器の廃絶と、さらには戦争の廃絶を求めることにメッセージが向けられている。犠牲の記憶は、他の事例では責任者の謝罪や処罰の要求につながることが多いが、広島の平和運動では、軍事行動をとった相手方への謝罪要求ではなく、兵器の廃棄が求められている。この独特な性格は、戦争を悪とする、反戦・不戦というメッセージを抜きにしては考えられない。

[4] 戦争を絶対悪とする場合、誰が戦争を戦うかによって正しいか間違っているかが決まることはない。戦争そのものが悪なのだから、戦う主体によっては戦争が正しくなるというはずもない。また、その処方箋も、侵略戦争を起こす政府を解体することではなく、戦争

✔ 脳内活動・重要語彙

＊1 **ホロコースト**…ナチス・ドイツによるユダヤ人大虐殺のこと。

❶ 平和記念資料館とホロコースト博物館の対比で話が進みそうだな。

❷ 状況や理由を問わず「戦争＝悪」とする考え方。まずは広島の説明からだな。

平和記念資料館	ホロコースト博物館
戦争や暴力は絶対悪	？

❸ 広島平和記念公園内の慰霊碑の話を聞いたことがあるな（慰霊碑に「安らかに眠って下さい。過ちは繰返しませぬから」という文言があるが、主体が明示されておらず、過ちを繰り返さないのは誰なのか〈日本人orアメリカ人or人類？〉について議論があった）。

❹ 戦争は「絶対悪」なのだから、「正しい戦争」「核兵器の正しい使用法」などあり得ない。

＊2 **デマゴギー**…政治的な効果をねらって意図的に流す虚偽の情報。

という行為の追放と、それを可能とする武器の追放に向けられる。

[5] この視点から見れば、「正しい核兵器の使い方がないのはもちろん、「正しい戦争」という概念はあり得ないし、❹あるとすれば、戦時動員のために人を欺くデマゴギー*2に過ぎない。まして、原爆投下のおかげで軍国主義が日本から追放され、現在の平和が生まれた、などと判断する余地はまったくない。❺

[6] 他方、（対比！）ホロコースト経験の教えは、絶対悪を前にしたときは、その悪に踏みにじられる犠牲者を見殺しにせずに、立ち上がらなければならない、という教えである。❻より細かくいえば、ホロコースト博物館のメッセージには、ユダヤ人が、その民族に降りかかったもっとも悲惨な受難を語り伝え、悼むという、ユダヤ人をメッセージの主な受け手とする側面と、この悲惨な暴力について、すべての人に語り伝えてもらいたいという、より広いメッセージの両方が含まれている。

[7] 後者は、❼間違っても絶対平和のメッセージではない。ナチスによる迫害が続けられていることを知りながら立ち上がろうとせず、犠牲者たちを見殺しにした諸国の行動は正しかったのか。暴力への批判に加え、暴力を放置した責任もここでは問われている。❽

[8] この違いが、博物館の運営者の私的な見解の違いではないことは、いうまでもない。広島とホロコーストという二つの出来事から、その出来事を記憶しようという人々の引き出した規範*3が異なっており、それが博物館の展示の違いに反映しているのである。❾

[9] 第二次世界大戦のさなかに起こった虐殺としては、ユダヤ人虐殺も広島の原爆投下も似たところがある。❿武装していない市民が、ホロコーストにおいては生活の場から引き離さ

❺ 戦争は絶対悪だから。[2]～[5]は、「戦争＝悪」という広島の考え方の説明だったな。

❻ つまり、絶対悪を打ち倒す暴力なら認めるということだな。

平和記念資料館	ホロコースト博物館
戦争や暴力は絶対悪	悪に対抗するには暴力は必要

❼ 前文の「悲惨な暴力について、すべての人に語り伝えてもらいたいという、より広いメッセージ」のこと。

❽ つまり、ナチスの暴力を抑えるための暴力は必要だったのではないか、「暴力はダメ」と言うだけで何もしないのはただの無責任なのではないのか、ということ。これが、ホロコースト博物館の価値判断だな。　問二

*3 **規範**…行動や判断の基準となる模範。手本。

❾ 展示の違いは、人々の価値観の違いを反映している。

❿ あれ？　対比は続かずに共通点の話になるのかな。少しゆっくり読もう。

れて虐殺され、広島ではその生活の場ごと焼き払われた。厳密にいえば、ホロコーストは戦場における戦闘行為として行われた虐殺ではなく、広島の原爆投下は（国際法上の正当性に疑問の残る作戦ではあるが）正規軍による軍事行動であるから、「戦争による死」としてまとめることはできない。しかし、非戦闘員にもたらされた(ア)フジョウリな死として、両者の間には、明らかな共通性がある。⓫

10 この二つの出来事が、異なる行為規範を生み出した。⓬ホロコーストの記憶は、殺人者や破壊者に対して立ち上がる責任を問いかける。広島の記憶は、戦争行為の倫理性を問い、絶対平和の実現を求めている。戦時の暴力が、一方では戦争を戦う責任という教訓を、他方では戦争を廃絶する責任という教訓を残したのである。⓭

11 【 A 】

12 これは、憲法第九条とそれをめぐる論争にふれてきた日本の読者には、ごくおなじみのパラドックス※1である。日本国憲法の定める戦力不保持の原則と、日米安保条約を含む、「力の均衡」に基づいた国際秩序維持との関係が、「平和主義」と「現実主義」の対抗というかたちで、繰り返し問われてきたからだ。その中心は、武力によって平和が保たれるのか、武力こそが平和を壊すのか、という判断の対立だった。

13 もっとも日本の国内におけるハト派とタカ派との議論とは異なって、ここでは理想と現実ではなく、二つの異なる理念が対立している。日本の平和論では、武力は現実の側に、武力放棄は理想に属していた。しかし、ホロコーストの教えは力を認めるべきだという現実主義ではない。そこで説かれるのは、不当な現実には屈せず不法な暴力を前にして武器を

⓫ 共通点の話で進みそう……。

⓬ 対比に戻った！

⓭ 共通点もあるけど、筆者が重視しているのは「違い」の方だな。ここまでの話をまとめると、こんな感じだな。

原爆	ホロコースト
戦争を廃絶する責任	戦争を戦う責任

共通：非戦闘員にもたらされた不条理な死

※1…矛盾をはらむ命題のこと。有名なものに「クレタ人のパラドックス」がある。【「クレタ人は嘘つきだ」とクレタ人が言った】というもので、傍線のクレタ人が〈本当〉のことを言っている場合、クレタ人は〈嘘つき〉ということになる。他方、傍線のクレタ人が〈嘘〉をついている場合、クレタ人は〈嘘つきでない〉ことになる。

取る義務と責任である。⑭ 戦争という現実を受け入れろという議論ではなく、正戦の倫理が伝えられている。

14 ここでの正戦は、国際関係における戦争に対象を限定せず、無法な暴力と人権抑圧に向けられている。ホロコーストは、占領地域で行われた場合だけでなく、それがドイツの領土のなかで行われた場合も、やはり見過ごしてはならない暴力であった。無法な暴力を前に犠牲者を見殺しにすれば、ただ無法な支配を認め、支配者の恣意[*4]を認めることになる。侵略者に対する自衛戦争という、国際関係に限定した武力行使の正当化だけではなく、国の内外を問わず、深刻な人権抑圧が行われた場合には、その抑圧に対して立ち上がる責任と勇気が求められている。

15 武力行使そのものが倫理に反すると考える側からは、ただちに反論があるだろう。（対比）暴力に対して暴力で立ち向かえば、支配者の暴行を上回る暴力と破壊をもたらす可能性がある。暴力を退ければ犯罪の前に手をこまねくことになるが、暴力によって立ち向かえば、ただ戦火を拡大しかねない。

16 正しい戦争（正戦）はあり得るのか、それともあらゆる戦争は正しくないのか？ 西欧世界においてもアウグスティヌス[*5]以来争われてきたこの問題は、ただの抽象論⑮ではない。犯罪者から武力で人質を奪回すべきかという問題に始まり、隣国で進む大量虐殺を黙視すべきかとか、戦争を避けるためには独裁政権とも手を結ぶべきかとか、およそ暴力を手段とするか否かの選択が争われる場合には繰り返し現れる、ほとんど日常的なジレンマ[*6]である。

17 この論議に決着をつけることはここでの課題ではない。また、国際政治における現実主

⑭ 「戦争は良くないけれど現実的には仕方がない」ということではなく、「不当な現実に対しては武器をとって戦わなくてはいけない」と考えている。

＊4 **恣意**…気ままで自分勝手なさま。

＊5 **アウグスティヌス**…三五四〜四三〇。西方キリスト教会最大の教父。著書は『告白』『神の国』など。

⑮ 現実離れした議論。

＊6 **ジレンマ**…二つの相反する事柄の板挟みになること。

7

義の立場から、戦争は国家が政策を遂行する手段に過ぎない、戦争に正義はないし必要もないという主張もあるだろう。ここでの問題は、どの議論が説得力を持つかではなく、どの考え方が歴史的に選ばれたのか、という点にある。

[18] ホロコースト博物館と広島の資料館を並べてみると、⑯ **B** 、という結論になりそうだ。第二次大戦の経験が、欧米には正戦を、日本には反戦を伝えた。そして、日本の軍国主義を倒す戦争は正しい戦争ではなかったのかという厳しい問いが、その裏に控えている。

[19] この結論には(イ)コチョウがある。後にみるように、ホロコーストから、また広島の被爆から引き出される教訓は一つに限られないし、時代によっても変わっていったからである。日本の広島認識とか、アメリカのホロコースト認識などというまとめ方は、意見の多様性と時間による変化を無視する暴論になりかねない。⑰

[20] しかし、⑱武力行使をめぐるパラドックスはけっして架空のものではないし、ごく近年になっても続いている。その一例に、ユーゴ空爆に対する認識の相違を挙げることができる。コソボにおけるアルバニア系住民とセルビア系住民との対立に始まったこの紛争は、最終的に、NATO軍によるベオグラード空爆を招いたが、欧米諸国と日本とではこの空爆が(2)まるで異なる受け止め方をされたからである。⑲

[21] アメリカに限らず、欧米世界では、ユーゴに対する空爆はホロコーストのような異民族(ウ)ハイセキの再現を阻止するために必要であるという反応が、左右の政治的立場を横断してみられた。これに対し、日本では、左右を横断して、軍事行動への支持よりは(エ)ユウリョが、また不正に対する勝利よりは紛争解決への期待が表明された。欧米でホロコーストの

⑯ 博物館と資料館の話に戻ってきた！

⑰ 欧米人は皆「正しい戦争がある」と考え、日本人は皆「戦争は正しくない」と考えている、というように単純化はできない。

⑱ 逆接！ 単純化はできないけれど、欧米と日本ではやはり考え方に違いがあるという方向だな。

⑲ ここまでの内容からすると、欧米諸国は「空爆は必要」と受け止め、日本は「空爆はよくない」と受け止めたはず。

悪夢が呼びおこされたのとは対照的に、そのようなホロコーストの「記憶」が日本で言及されることは少なかった。ユーゴ空爆は、当事者が「当たり前」として受け入れた戦争観が、地域と歴史経験によってどれほどの隔たりがあるのかを、改めて思い知らせる事件だった。⑳

⑳「当たり前」は地域と歴史経験によって全く異なる。日本人にとって「当たり前」の戦争観は、これから先どのように変わっていくのだろう……。

❷ 解答・解説

問一　漢字問題

(ア) 不条理　①余剰／②条項／③脳裏／④履歴書
(イ) 誇張　①誇大広告／②固辞／③頂点／④傍聴
(ウ) 排斥　①排出／②廃案／③惜別／④解析
(エ) 憂慮　①融通／②悠久／③勇退／④一喜一憂

問二　二つの博物館の方向性の違いは、2〜7を中心に説明されています。

《全文解釈》❻で示した対比（下図）が選択肢を選ぶ基準になります（輿水先生のいうところの「正解のイメージ」ですね）。これに一番近い、③「広島の記念館は、核兵器の廃絶を訴えているのに対して、ホロコースト博物館は、絶対悪を前にしたときにその悪に向かって立ち上がらなければならないことを教えている。」が正解です。

平和記念資料館	ホロコースト博物館
戦争や暴力は絶対悪	悪に対抗するには暴力は必要

ほかの選択肢は図で示した対比と一致しません。

①は「広島の記念館は、原爆を投下した相手方に謝罪を求めている」が誤りです。3に「広島の記念館は、戦争を起こした責任や、原爆を投じた責任を問いかけているとは必ずしもいえない」とあります。

②は「ホロコースト博物館は、絶対平和のメッセージを投げかけている」が誤りです。7に「間違っても絶対平和のメッセージではない」とあります。

④は「ホロコースト博物館は、戦争という現実を受け入れる」が誤りです。13に「戦争という現実を受け入れろという議論ではなく」とあります。

問三　文整序の問題です。つながりがわかりやすい箇所から考えましょう。Ⅳ「その国家」を、Ⅰ「戦争を始める国家」のことだと考えると、Ⅰ→Ⅳ「もし、戦争を始める国家があるから戦争が起こるのだと考えれば、その国家を脅し、抑止することで平和が成り立つ、という判断が生まれる。」となり、文意が自然につながります。また、Ⅱ「戦争を遂行する手段」とは、Ⅲの「兵器」のことですので、Ⅱ→Ⅲとつなげると、「他方、戦争を遂行する手段がある限り平和が訪れないと考えれば、兵器による相手の抑止ではなく、兵器の放棄によって平和が実現することになるだろう」となり、こちらも自然につながります。Ⅱ冒頭に「他方」とあることも踏まえれば、ここまでで、「Ⅰ→Ⅳ→Ⅱ→Ⅲ」という順序が確定します。

最後に「Ⅴ」を考えます。「Ⅴ→Ⅰ→Ⅳ→Ⅱ→Ⅲ」か「Ⅰ→Ⅳ→Ⅱ→Ⅲ→Ⅴ」になるわけですから、いずれにせよ、空欄前後とのつながりを考える必要があります。次の図は「Ⅴ→Ⅰ→Ⅳ→Ⅱ→Ⅲ」で並べてみたものです。

10 戦時の暴力が、Ⓐ一方では（＝ホロコーストでは）戦争を戦う責任という教訓を、Ⓑ他方では（＝広島では）戦争を廃絶する責任という教訓を残したのである。

11 Ⅴ戦争についての、この二つの見方（Ⓐ&Ⓑ）を一般化すると、どんな議論になるだろうか。

←

Ⅰもし、戦争を始める国家があるから戦争が起こるのだと考えれば、

Ⅳその国家を脅し、抑止することで平和が成り立つ、という判断が生まれる。

Ⓐの一般化

＋

Ⅱ他方、戦争を遂行する手段がある限り平和が訪れないと考えれば、

Ⅲ兵器による相手の抑止ではなく、兵器の放棄によって平和が実現することになるだろう。

Ⓑの一般化

10末には「ⒶとⒷの二つの見方」が書かれているので、その後に、Ⅴ「この二つの見方」がつづくと、きれいにつながりそうです。また、10は「ホロコースト」「広島」という具体的な話でしたが、Ⅰ・ⅣやⅡ・Ⅲでは、国や地域を限定せず、一般的な話として論を展開していますので、「Ⅴ→Ⅰ→Ⅳ→Ⅱ→Ⅲ」とすれば、上図のように自然な展開となります。これが正しい順序と考えてよいでしょう。正解（三番目になるもの）は「Ⅳ」です。ポイントをまとめておきますね。

❶ 文整序はつながりが「わかりやすいところ」から考える。
❷ 整序する文どうしのつながりだけでなく、その前後とのつながりも考える。

〈＊〉余談ですが、小室直樹著『日本人のための憲法原論』（集英社）の第九章に、「平和主義」とナチス・ドイツの勢力拡大の関係が説明されています。それによると、第一次世界大戦で甚大な損害を被った欧州では、「戦争を絶対許さない」という、いわゆる「平和主義」が力をもっていました。敗戦国のドイツにおいてヒトラー（ナチス・ドイツ）が力を強め、一九三五年にヴェルサイユ条約を破って再軍備を宣言し、徴兵制度を復活させたときも、一九三八年にズデーテンラント割譲を要求したときも、英仏は国内の「平和主義」の声におされて、ドイツを軍事力でおさえることはしなかったのです。その結果、ドイツは着々と軍事力を増強し、一九三九年にはポーランドに侵攻、第二次世界大戦がはじまりました。ナチス・ドイツによるユダヤ人の大量虐殺（約六〇〇万人）は第二次大戦中に起きています。

　僕は高校生のとき「平和が一番。戦争なんてダメだよ」と、ごくごく素朴に考えていました（なにも考えていなかったとも言えますね）。でも、本書を読み、「戦争か平和か」ではなく「平和を実現するために、武力は肯定されるか否か」ということが問題なのだと考えさせられました。本文の「ホロコースト博物館」と「広島平和記念資料館」の価値観の違いにも通じるところがありますね。〈＊〉

問四　直前に「ホロコースト博物館と広島の資料館を並べてみると」とあるので、問二同様、二つの博物館の対比をおさえればよい設問です。

　下図で示した対比と近い、②「**欧米世界においてナチスドイツを追放する第二次世界大戦は『正しい戦争』であり、その第二次大戦が日本には『戦争は正しくない』という教訓を残した**」が正解です。同じ出来事から正反対ともいえる教訓が生まれたわけですね。

平和記念資料館（日本）	ホロコースト博物館（欧米世界）
戦争や暴力は絶対悪	悪に対抗するには暴力は必要

　①は「第二次大戦が日本には『戦争を起こした政府の責任を問うべきだ』という意識をもたらした」が誤りです。[3]に「主体と行動の責任を問うのではなく」とあるように、広島平和記念資料館は、誰かの責任を問うているわけではありません。

　③は欧米世界と日本で説明が逆になっています。

　④は「欧米世界において……第二次世界大戦は『回避すべき戦争』」が誤りです。ホロコースト博物館は正しい戦争はあり得るという立場です。

問五　傍線部(2)「まるで異なる受け止め方をされた」の説明問題です。傍線部を含む一文を抜き出します。

> 20コソボにおけるアルバニア系住民とセルビア系住民との対立に始まったこの紛争は、最終的に、ＮＡＴＯ軍によるベオグラード空爆を招いたが、欧米諸国と日本とではこの空爆が(2)まるで異なる受け止め方をされたからである。

今回の文章の対比構造（「ホロコースト博物館：悪に対抗する責任」⇔「広島資料館：戦争は絶対悪」）を踏まえれば、西欧社会は空爆を肯定し、日本社会は空爆を否定するはずです。実際、21では「欧米世界では、ユーゴに対する空爆は……必要であるという反応」「日本では、……軍事行動への支持よりは憂慮……が表明された」と書かれています。

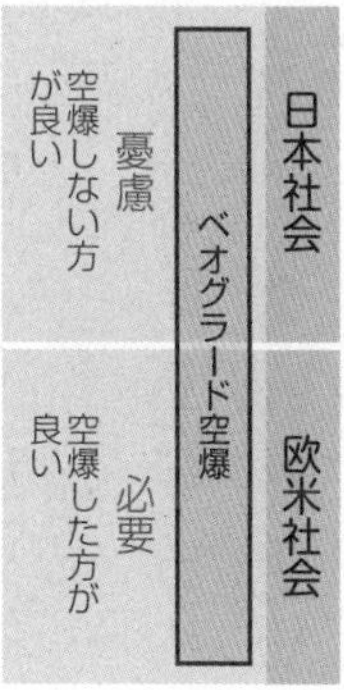

こうした受け止め方の違いに合致しているのは、③**「欧米社会では、軍事行動がホロコーストの悪夢の再現を阻止するものとして容認されたが、日本では軍事行動への懸念が生じた」**です。これが正解。

①について、ベオグラード空爆は「ユダヤ人虐殺を防ぐため」の戦争ではありません。ユダヤ人虐殺という過去の悲劇を繰り返さないよう、早期の決着を目指してベオグラード空爆を行ったのです。

②は、19「意見の多様性」に一致しますが、上図に示した「受け止め方の違い」の説明になっていません。

④は「日本社会では、原爆投下を絶対悪として認めない声が起こった」が誤りです。傍線部(2)で問われているのは、「原爆」ではなく「ベオグラード空爆」の受け止め方です。

問六　内容合致問題です。一つずつ確認していきましょう。

①は「従来とは異なる形で」が誤りです（×）。ユーゴ空爆に対する受け止め方の相違は、ホロコースト博物館と広島の記念館に見られる価値観の相違と同様のものです。

②は13の内容と合致します（〇）。13に「日本の平和論では、武力は現実の側に、武力放棄は理想に属していた。しかし、ホロコーストの教えは力を認めるべきだという現実主義ではない」とあります。日本の現実主義は「アメリカの

軍事力によって日本が守られているのは事実なのだから、一定程度の武力は認めるしかないでしょう」という立場であるのに対し、ホロコースト博物館は「悪に立ち向う責任がある」という教えであり、両者の態度は異なります。

③は、14「国の内外を問わず、深刻な人権抑圧が行なわれた場合には、その抑圧に対して立ち上がる責任と勇気が求められている」に合致します(○)。

④は「フジョウリには力で対抗すべき」が誤りです(×)。2「戦争そのものを絶対悪として捉える」のが広島の記念館ですので、いかなる理由があろうと「力で対抗」することを認めません。

〈*〉以前、輿水先生から『狂気について』(岩波文庫)という本を薦められたのですが、その中に「寛容《トレランス》は自らを守るために不寛容《アントレランス》に対して不寛容《アントレラン》になるべきか」という評論がありました。「寛容(心が寛大で、広く人を受け入れること)の大切さ」を否定する人は少ないと思いますが、「寛容」は「不寛容」に対しても「寛容」であるべきでしょうか。たとえば、ヘイトスピーチのような「不寛容」に対して、私達はどう対処するべきでしょうか。「不寛容に対しては不寛容でいい」のかもしれませんが、「不寛容に対して不寛容」なのは「寛容の自殺」(二〇八頁)ともいえるでしょう。「戦争を防ぐための戦争は許されるか」という、今回のテーマともつながりそうですね。ホロコースト博物館と広島平和記念資料館、みなさんの考え方に近いのはどちらでしょうか。〈*〉

【解答欄】

問一(各2点)	(ア) ②	(イ) ①	(ウ) ①	(エ) ④
問二(7点) ③	問三(9点) Ⅳ	問四(7点) ②	問五(7点) ③	
問六(各3点)	① ×	② ○	③ ○	④ ×

第8講

解説
Answer

『アンドロイドは人間になれるか』

（石黒浩）

〔解説：西原剛〕

ジャンル
評論
字数
3186字
問題頁
P.89

◆言葉の不思議

ロボットがまだ人間に勝てない領域として、本文では「複雑な文章を構成したり、言葉をやりとりしたり、解釈をするといった仕事」が挙げられていた。言葉というのは不思議なもので、母語の場合、文法という法則を知らなくても、不自由なく使いこなすことができる。助詞の「は」と「が」の区別は文法学者を悩ませる難問だが、我々はそれを苦労なく使い分けている。誰かに告白するときに間違えて「君は好きだ」などとは言わない。しかしロボットはいまだ、そのように言葉を自由に操ることができない。……どうやら僕はまだ、ロボットよりも人間の方が優れているという考えにしがみつこうとしている。（輿水）

❶ 全文解釈

[1] すぐれた技術を作るには、客観視する能力が必要である。主観だけでは、まともな機械は作れない。機械の設計をし、部品を組み上げるには、その前提として、ものごとを客観的に観察しながら、そこにある法則を見つけ出す能力がなければいけない。科学とは、簡単にいえば世の中で起こっている客観的な現象に法則を見つけ出す❶ことであり、技術とは、そこから再現性のあるものを作る❷営みである。人間は、自分のことも、世の中のことも客観視できる。それが科学を生む大きな原動力になってきた。科学技術を進化させるためにもっとも重要なことは、物理現象の法則を見つけ、それを組み合わせることだ。それが可能になったのは、人間にこの大きな脳があったからである。脳が技術を進歩させてきた。

[2] そして人間を進化させる技術のもっとも極端なかたちが、ロボットなのだ。人間の能力を置き換え、能力の限界を乗り越えるための手段が技術であり、機械である。人間と機械とは、その成り立ちから言って、切り離せない関係なのである。にもかかわらず、もっとも進化した機械であるロボットと自分を比べ、取って代わられることにおびえる。[A]奇妙な感じがしないだろうか。

[3] ひとは、なぜロボットと人間を比べるのか。僕の考えはこうだ。もはやロボットが人間そのものに近づきつつあるから——言いかえれば、人の定義が見え隠れしだしているからである。「人とは何か」の本質がそこにあるという直感が、否応なくひとをロボットに惹きつけ、また逆に、[(a)]キョウ威として畏れさせる理由の根源にあるのだ。❸

[4] 僕たちはこれまで「人間の下に機械がある」という階層構造を信じてきた。❹だがここまで

✔脳内活動・重要語彙

❶ たとえば、過酸化水素水と二酸化マンガンが反応すると酸素が発生する、という法則を見つけ出す。

❷ たとえば、過酸化水素水に二酸化マンガンを加えることで、人為的に酸素を作る。

❸ 精巧なロボットには人間と機械の境界を揺り動かすような不気味さがある。たとえば「見た目が人間そっくりで、コミュニケーションも人間そっくりにできるようにプログラミングされたロボット」と「人間」は、なにが違うのだろうか。あるいは「あなたの周囲の人」はもしかしたら「精巧にプログラミングされたロボット」なのではないか。「そんなわけないでしょ」と言うとしたら、その根拠はなんなのか……。

❹ けれど、「実際そうでもないよ」、と続きそうだな。

❺ はいはい、予想通り。

❻ 聖書によると、人間は神の「似姿」という特権的な地位を与えられている。「ヨーロッパ」の話だけで終わるとは考

機械が発達し、ロボットが進化してくると、本当にそうなのかが、あやしくなってくる。❺

[5] 人間こそがもっとも偉く、高等な生物であるという考えは、とくにヨーロッパやキリスト教圏では根強い。❻ ヨーロッパではもともと、人間の下に機械や動物を置くだけでなく、人間の中でも貴族、平民、奴隷を分けてきた。ヨーロッパ大陸は地続きである。そこに多種多様な民族がおり、争いは絶えず、つねにある集団に別の集団が支配する／されるという歴史をくりかえしてきた。とくに今日ほど機械が発達していない時代に「いい生活をする」には、他者を虐げ、利用することが必要だった。こうした環境で歴史を積みかさねてきたひとびとは、人間に近いものが出てくると、かならずクラス（階層）を分けようとする。ところが日本では❼平然と「ロボットの方が人間よりすごい」だとか「ロボットになりたい」と言う人間が少なくない❽——しかし、こうした[B]比較文化論に深入りするのはやめておこう。❾

[6] いずれにしろ、比較するも何も、「人間とは何か」の定義がわからないのである。これはロボットも同じだ。「ロボットとは何か」もまた、十分に定義されていない。定義されていないもの同士を比べるのは、本来、矛盾をきたしている。❿

[7] 多くの人は「人間という[C]カテゴリに自分を入れてください」「人間はロボットより偉いことにしておいてください」と[(b)]セン在的に思っている。⓫ そうやって「そもそも人間がロボットより優位である」ということにしておかなければ、個別の＊1タスクで比べられると、人間はすでに機械に勝てない。たとえば、どれだけ速く計算できるか、たくさん記憶できるか、正確にものを組み立てられるか、どれだけクイズに強いか、どれだけ※1早く株をトレードできるか、※2どれだけチェスが強いか……。やるべき作業が明確に定義できる仕事は、ほ

えづらいから、どこかで日本の話になるはず。

❼ 来た！ 日本との対比。

❽ TVアニメでも猫型ロボットが親しまれているもんな。

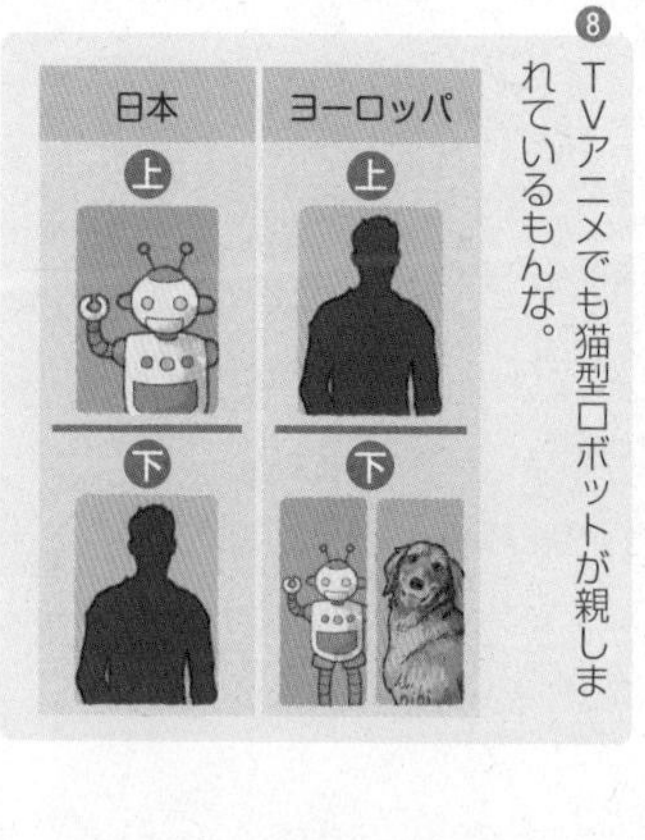

❾ え、やめるのか……。それならここまでの内容で傍線部Bは解けるな 問三

❿ たしかになぁ。人間とは何かがわからなければ、ロボットと人間の違いなんてわかるはずがない。

⓫ 「多くの人が思っていること」＝「一般論」は否定される可能性が高い。

＊1 **タスク**…課せられた仕事。職務。

ぼすべて機械が勝つ。

8 二〇〇九年にアメリカの巨大メーカー、IBMのコンピュータプログラムである「ワトソン」がクイズ番組に出演し、人間のクイズチャンピオンに勝った。⑫ ふつう、クイズでは答えを「考える」と言うし、見ている側も一緒に「考えている」はずである。ところが、クイズで人類はコンピュータに負けた。「考える」という行為が人間にしかできない、人間だからこそできることだとすると、プログラムのワトソンは人間になったのか。それともクイズにおける「考える」という行為は、「考える」ということではないのか。

9 人間がしている「考える」という行為を細かく定義し、個別の作業に分解していくと、ほとんどのことは簡単にコンピュータに置き換えられる。おそらく「考える」という言葉が差し示している作業の大半は、それ自体はさほど人間らしいことではない。むしろ人間らしいのは、「考える」という言葉の中身を理解しないままに、その曖昧な言葉を使うこと、使えてしまうことである。⑬

10 曖昧なまま作業をしている例として、複雑な文章を構成したり、言葉をやりとりしたり、解釈をするといった仕事がある。こうした曖昧で、タスクの定義がきれいにできていない(c)リョウ域では、ロボットはまだ人間に勝てない。⑭ タスクの定義ができないものを、プログラムすることはできない（＝コンピュータに行わせることはできない）のだ。ほかにもたとえば、医者の仕事のなかでも、最先端で複雑すぎるもの、まだ研究(d)ト上であって何が正しいのか明確に言い切れないものは作業の定義のしようがないから、コンピュータが代替することは難しいだろう。「風邪を治す」こともそうだ。人間が風邪をひくメカニズムは明

※1…コンピュータを利用したHFT（High Frequency Trade/高頻度取引）では、一秒間に数千回もの高頻度で売買が繰り返される。

※2…一九九七年、IBM製スーパーコンピュータ「ディープ・ブルー」が、当時のチェス世界チャンピオン、ガルリ・カスパロフに勝利。

⑫ 前文「やるべき作業が明確に定義できる仕事は、ほぼすべて機械が勝つ」の具体例だな。

⑬ 中身が曖昧なままに行為をしてしまうのが「人間らしさ」か……。たとえば、「恋」の定義なんてわからなくても、人を好きになってしまう。

⑭ ロボットは定義可能な作業が得意。一方、人間は定義が曖昧な作業が得意。

ロボット	人間
定義可能な作業に強い	定義が曖昧な作業に強い
【例】計算・記憶・組み立て・クイズ・株・チェス	【例】複雑な文章・言葉のやり取り・解釈・最先端医療・風邪を治す

確にはわかっておらず、どうやって治るのかもはっきりとはわかっていない。だからいまは人間が適当に薬を出し、「これで様子を見ましょう」と言っているだけだ。コンピュータにもそれぐらいのことはできるかもしれないが、医者と違ってロボットに「責任を取らせる」しくみがないことも、また問題である。

11 しかし、定義可能な作業においては、ほとんどすべてロボットが勝つ。⑮ 加工食品に対する異物混入が問題になったことは記憶に新しいが、本当はロボットに作らせたほうが生産性は高く、ミスも起こらない。だから、現状では日本産の高級なロボットよりも中国やタイで人間がラインに立ってつくった方が安い。⑯ コストを考えた結果、異物混入やいい加減な作業をする可能性があっても、人間の手によって海外の工場で生産しましょう、と意思決定しているだけなのである。

12 ここまで言っても「自分たち人間はロボット以下である」、少なくとも「ロボット以下である場合がある」と認めたくないひともいるかもしれない。

13 では問いを逆転させてみてはどうか。

「なぜ人間はロボットより優れていなければいけないのか？」

14 僕にはこの答えがわからない。（確かに……）

15 人間は技術によって進化してきた。D つまり本来、人間とは、自らがつくってきた機械やロボットも含めて人間なのだ。⑰ それでも、あとからやってきたロボットよりも自分の能力が劣っていると言われると、**E** したくなる。人間の方が優れているのだと言ってほしいと思う。われわれは「人を差別するな」と言われるし「動物を大事にしよう」とも言

⑮ ロボットと人間の対比が続いている。しっかり論旨を追えている感じがするな。

⑯ ⁉ 「だから」の前後が上手くつながらなくないか？ ☞ **問五**

⑰ 機械やロボットは人間が作り出したものなので、その意味ではロボットも人間の一部。☞ **問六**

われる。だから基本理ネン[e]としては「世の中に存在するすべての生き物は平等に生きる権利を持つ」というのがもっともわかりやすいはずだ。しかし人間は、人間だけが特別であってほしい、ロボットより優秀だとどこかで思っている。実際には人間は、今や大半の仕事で、ロボットよりも能力的に劣った存在である。だが、人間が動物に対して必ずしも能力でその価値を判断していないように、[18] [F]人間もペットの犬や猫と同じように生きてもかまわないはずなのだ。能力がロボットに及ばずとも、生きられるにきまっている。しかし、「人間こそが最高の存在である」というロイヤリティを失ってしまうことに、多くの人は恐怖を感じる。

16 僕は人間とロボット、人間と動物の区別はなくなっていっていいと思っている。区別がなくなればなくなるほどに、人間はロボットと本質的に何が違うのか、人間とは何か？　これらについて、退路を断った深い考察が進められるからだ。[19] そうして人間は進化していくものなのだと、僕は考えている。

[18] たとえば、人間が犬と暮らすのは、犬の鋭い嗅覚や聴覚（＝能力）に価値を感じているからというよりは、「そばにいてほしいから」ということが多いだろう。

[19] 人間とロボットの違いが明らかだと、「人間とロボットが違うのは当たり前でしょ」となってしまい、人間の考察が進まない。でも、人間とロボットが似てくると「ロボットにはない人間の特質とはなにか……」と考えざるをえなくなる。

２ 解答・解説

問一　傍線部と選択肢の漢字は以下の通りです。

(a) 脅威　㋑矯　㋺強　㋩恐　㋥脅　㋭境
(b) 潜在　㋑選　㋺潜　㋩宣　㋥詮　㋭先
(c) 領域　㋑量　㋺領　㋩瞭　㋥了　㋭良
(d) 途上　㋑図　㋺渡　㋩徒　㋥塗　㋭途
(e) 理念　㋑燃　㋺然　㋩念　㋥粘　㋭年

問二　傍線部Aの「奇妙」を説明する問題です。２の中から、どの言葉を使えばよいのか考えましょう（説明のために、ⓐ～ⓔの要素に分けています）。

２ そしてⓐ《人間を進化させる技術のもっとも極端なかたちが、ロボットなのだ》。ⓑ《人間の能力を置き換え、能力の限界を乗り越えるための手段が技術であり、機械である》。ⓒ《人間と機械とは、その成り立ちから言って、切り離せない関係なのである》。にもかかわらず、ⓓ《もっとも進化した機械であるロボット》とⓔ《自分を比べ、取って代わられることにおびえる》。Ａ奇妙な感じがしないだろうか。

本文の語句を使って記述答案を作る場合、「なんとなく抜き出す」のではなく、「意味を考えて抜き出す」ことが大切です。あなたの答案は「奇妙」の説明になっていますか？

自分の答案を読んだときに、「たしかにこれは奇妙だな」という、〝奇妙感〟（変な日本語ですが……）があるでしょうか？

たとえば、ⓒ・ⓓ・ⓔを抜き出してつなげた次の例は「奇妙」の説明が不十分で、良い答案とは言えません。

> ⓒ人間と機械とは切り離せない関係なのにⓓもっとも進化した機械であるロボットとⓔ自分を比べ、取って代わられることにおびえること。

なんとなく成立しているように見えますが、「人間と機械は切り離せないのに、取って代わられることにおびえる」のが、なぜ「奇妙」なのか……、よくわかりません（わかりそうでわからなくて、頭がモヤモヤする感じです）。説明問題なのですから、「たしかに奇妙だな」と納得してもらえるような答案にしなくてはいけません。

順を追って考えていきます。

まず、ⓑによれば、「人間の能力を置き換え、能力の限界を乗り越えるための手段が機械」です。そして、ⓐやⓓによれば、「ロボットはもっとも進化した機械」です。したがって、ロボットが人間の能力を超えるのは当然のことであり、むしろ〝ねらい通り〟のはずなのに、ⓔ「ロボットに取って代わられることにおびえる」のは、たしかにとても「奇妙」なことですよね。左にまとめます。

ⓑ人間の能力を置き換え、乗り越えるための手段が機械
ⓐ・ⓓロボットはもっとも進化した機械

↕ **奇妙**

ロボットが人間に取って代わるのは当たり前。そもそも、そのために開発したはず……。

ⓔロボットに取って代わられることにおびえる

ロボットの気持ちになってみれば、「人間の代わりにしようとして僕らを作ったくせに、実際に代わろうとするとおびえるなんて、人間はなんて自分勝手なんだ！」ということになりそうです。

答案には、ⓑ・ⓐⓓ・ⓔの三点を入れてください。解答例を示します。

【解答例】人間の能力を置き換え、その限界を越えるために機械を作ったのに、もっとも進化した機械であるロボットと自分を比べ、取って代わられるのを恐れていること。（73字）

【採点基準】12点
A（機械は）人間の能力を置き換えるもの　2点
B（機械は）人間の限界を乗り越える手段　2点
C ロボットはもっとも進化した機械／人間を進化させる技術の極端なかたちがロボット　4点
D（人間は）ロボットに取って代わられることにおびえる　4点

記述答案は「なんとなく抜き出す」のではなく「意味を考えて抜き出す」ことが大切。

問三　傍線部Ｂ「比較文化論」の内容説明問題です。《全文解釈》❽で示したように、5ではヨーロッパと日本のロボット観が対比されていました。

ヨーロッパ…人間の方がロボットより上
日本…………ロボットの方が人間より上

この対比が今回の「正解のイメージ（輿水流）」です。これと合致する㋩が正解です。

㋑は「日本ではロボットを動物より優れた存在だと見なす」が誤りです。本文中に、日本人がロボットと動物を比較している記述はありません。

㋺は「ヨーロッパでは人間に近いロボットを一つの種族として区分する」「日本ではロボットを自らの中に取り込もうとする」が誤りです。いずれも本文中に根拠がありませんし、「ロボットを自らの中に取り込む」は意味不明ですね。

㋥「ヨーロッパでは、ロボットと人間との間の戦争を想像して不安になる人が多い」、㋭「ヨーロッパにおいてロボットは奴隷同然に扱われる」「日本ではロボットと人間とは平等の権利を持つと考える人が多い」も、本文中に根拠となる記述がなく、誤りです。

問五　誤記訂正問題です。《全文解釈》⓰で指摘したように、11「だから」の前後が上手くつながりません。

本当はロボットに作らせたほうが生産性は高く、ミスも起こらない。（＝**ロボットの方が良い**）。

だから　✕　**つながらない！**

現状では……ロボットよりも……人間がラインに立ってつくった方が安い。（＝**人間の方が良い**）。

「ロボットの方が生産性が高く、ミスも起こらない」のに「人間の方が安いから人間が作っている」わけですから、ここは「逆接」でつなぐべきでしょう。「だから」が誤記された接続詞です。

問六　傍線部の内容説明問題です。前文を含めて抜き出します。

> ⑮人間は技術によって進化してきた。[D]つまり本来、人間とは、自らがつくってきた機械やロボットも含めて人間なのだ。

「つまり」は前後イコールですから、前文が解答根拠になりますね。前文に「人間は技術によって進化してきた」とあるように、科学技術を駆使して機械やロボットを作り出してきたのは人間なのですから、「ロボットはすごい」というのは「(ロボットを生み出した)人間がすごい」ということでもあるはずです。そう考えると、ロボットと人間のどちらが上か、という問いはナンセンスですね。ロボットだけでなく、車でも、エアコンでも、スーパーのレジでも良いのですが、人間が作り出したものであれば、すべてひっくるめて人間といえるだろう、というのが傍線部Dの内容です。したがって、正解は、㋩「人間とは、自らの手で生み出したあらゆるものを包摂《ほうせつ》する（＝包み込む）存在であるということ。」です。

㋑は「自らと外見が似ているもの」という限定が不適切です。車やエアコンは、外見は人間とは似ていませんが「人間が生み出したもの」という意味で、人間に含まれます。

㋺「人間とは、さまざまな発明の歴史の中に置かれた存在の一つ」は本文中に全く書かれていません。この言い方だと、人間も(鉄腕アトムのように)発明されたものということになってしまいます。

㋥は「人間とは、自らが生み出したものにいつかは取って代わられる存在である」とありますが、傍線部の内容からすれば、ロボットも人間に含まれるわけですから、「取って代わられる」ということにはなりません。

㋭は「機械やロボットを仲間として受け入れる宿命」が誤りです。そもそも「機械やロボットも人間（の一部）だ」というのが傍線部Dの意味ですから、「仲間として受け入れる」ということにはなりません。

問七　空欄補充の問題です。前後を抜き出します。

15 ……あとからやってきたロボットよりも自分の能力が劣っていると言われると、　E　したくなる。人間の方が優れているのだと言ってほしいと思う。

「人間の方が優れているのだと言ってほしい」のですから、「ロボットよりも自分の能力が劣っている」という言葉は、受け入れられないはずです。㋭「拒絶」が正解です。

㋺「達観」は、細かい事に迷わされず道理・真理を見きわめること、㋩「謙遜」は、控え目な態度をとること、㋥「反芻《はんすう》」は、くり返し考え味わうことを意味します。いずれも空欄Eにはあてはまりません。

問八

傍線部の内容説明問題です。前後を含めて抜き出します。

15 ……人間が動物に対して必ずしも能力でその価値を判断していないように、F人間もペットの犬や猫と同じように生きてもかまわないはずなのだ。能力がロボットに及ばずとも、生きられるにきまっている。

傍線部F直前に「ように」があります。「○○のように××」という形になっている場合、「○○」は「××」の説明部分ですから、今回は、赤マーカー部分（人間が……判断していない）が解答根拠になります。《全文解釈》⑱でも書いたように、人間がペットと暮らすのは、必ずしも、なんらかの秀でた能力（たとえば、犬の嗅覚）に価値を感じているからではありません（ペットの犬を溺愛する人は、仮にその犬が嗅覚を失っても、愛し続けるでしょう）。つまり、共に生きるときに、優れた能力などなくても良いのです。人間は多くの面（計算力や記憶力など）でロボットよりも能力が劣っていますが、それでも良いではないか、というのが傍線部Fの意味であり、筆者の立場です。正解は㋑「**人間には、能力の優劣にかかわらず生きる権利があるはずだということ。**」になります。

㋺は「ロボットも平等に扱われるべき」とあり、ロボットの話になっていますが、傍線部Fは人間の生き方の話です。㋩「いつかロボットより優れた価値が見つかるはず」とありますが、人間には既にロボットより優れた面がありますし、仮に優れた面がなくてもそれはそれで構わない、というのが筆者の立場です。

㊁「動物と同じように、人間がロボットに支配されても構わない」では、そもそも動物がロボットに支配されていることになってしまいますが、本文中にそのような記述はありません。

㊍「人間は能力の不足をとくに気にせず日々の生活を送っている」とありますが、筆者が言っているのは、「気にせず生活してよい」ということであり、実際に「気にせず生活している」わけではありません。

〈＊〉「人間もペットの犬や猫と同じように生きてもかまわないはず」は、とても大事なことを言っているように思います。私たちは、たとえばボールペンを買うとき、書きやすいかどうかという実用性を第一に考えると思います。何カ月か使用して、書けなくなったボールペンは捨ててしまうでしょう。実用性という価値がなくなるからです。文房具ならそれでも構いませんが、人間関係も「あいつは役に立つか」「あいつは使えるか」になってしまうと、「人づきあい」が、単なる「物の所有」になってしまいます。そうなると豊かな人間関係を築けないばかりか、やがてその価値観が自己評価にも食い込み、自分自身を苦しめることになってしまうかもしれません。私たちは「ただいるだけでいい存在」であることを望んでいるのだと思います。〈＊〉

8

【解答欄】

問一（各1点）	(a) ㋥　(b) ㋺　(c) ㋺　(d) ㋭　(e) ㋩
問二（12点）	人間の能力を置き換え、その限界を越えるために機械を作ったのに、もっとも進化した機械であるロボットと自分を比べ、取って代わられるのを恐れていること。
問三（6点）	㋩
問四（4点）	㋥
問五（6点）	だから
問六（6点）	㋩
問七（5点）	㋭
問八（6点）	㋑

❸ 生徒からの質問コーナー

【Q4】難しい文章の内容が全然頭に入ってこないのですが、どうすればよいですか。

輿水　たしかに評論文で用いられる言葉は、高校生の日常会話とはかけ離れているかもしれません。だから「全然頭に入ってこない」というのもわかります。でも、それはきっと解決するし、解決しなければならない。解決しなければ、せっかく大学に入っても大学教育を受けることができません。現代文(特に評論文)を理解できないということは、オーバーにいえば、英語ができない人がアメリカの大学の講義を受けるようなものです。ではどうすれば良いか。西原先生、お願いします。

西原　丸投げ?

輿水　(笑)

西原　難しい文章を読むための細かい方法は「読解方略」を読んでもらうことにして、僕が伝えたいのは、「すべてを理解できるということは無いけれど、理解しようとすることは大事だよ」ということです。予備校講師であれ、学校の先生であれ、文章の意味を100%理解できているわけではありません(筆者自身が、自分が書いていることの内容をよく理解していないということもあります)。ですから、あなたが「理解できない」からといって落ち込む必要はない。でもだからと言って「今のままでいい」ということにもなりません。筋トレでいうと、50kgのバーベルを上げられる人が40kgのバーベル上げをやっていても、あまり筋力はつきません。50kgとか55kgとか、「きつい」と感じる重さにチャレンジすることで少しずつ筋力がついてきます。文章読解でも、「難しい」と思って投げだしそうなところを何とか踏みとどまって、「読解方略」を実践してみてほしいですね。

輿水　そもそも「難しい文章」というのは存在しないともいえるよね。小学生からすれば中学生の教科書は難しい、でもその同じ中学生の教科書が高校生からすれば易しく感じられる。それと同じで、「難しい文章」というものがこの世に存在しているのではなくて、「その文章を難しいと思っている人がいる」ということなんだと思います。自分の読解力が上がってくると、これまで難しく思えていた文章が、意外なほどに理解できるようになる。

西原　現代文は「暗記」の要素が少ないので、学力がついてきたことを実感しにくいと思いますが、小学生の頃のあなたに比べれば、今のあなたの方が「文章を読める」ようになっているのではないでしょうか。読解力は確実に上がります。

第9講

解説

Answer

『「かわいい」論』

（四方田犬彦）

〔解説：西原剛〕

ジャンル
評論
字数
3015字
問題頁
P.101

◆日本発の「かわいい」文化

今世紀、最も世界に広まった日本語とも言われる「かわいい」。OED（オックスフォード英語辞典）など多くの英語辞典にも、また英語版ウィキペディアにも、「kawaii」の項目は立てられている。日本から発信された文化がこれほどまでに世界に浸透したことはなかったように思う。欧米文化が世界を覆っていた前世紀とは違い、いまや世界の多くの人々が日本文化に興味を持っている。いつか君が外国の人と交流するとき、この『「かわいい」論』で学んだことを自分の言葉で話すことができたら、相手に喜んでもらえるかもしれない。難しい単語も多いが、西原先生の解説でしっかり自分のものにしよう。（輿水）

❶ 全文解釈

[1] 今日では「かわいい」は、世界のいたるところで出会うことになる現象である。ためしに渋谷でも原宿でもいい、東京で若者の集う(ア)ハンカ街を歩いてみよう。デジタルディスプレイから店先の広告まで、街角の映像と記号の多くには、「かわいい」の香辛料が振りまかれている。❶本来は厳粛な空間であるべき銀行ですら、漫画のキャラクターを大きくあしらっている。❷通行人はというと、細々《こまごま》としたストラップで飾り立てた携帯電話をひっきりなしに用い、友人に贈り物をするために小さなグッズの探索に忙しい。そのバッグには小さなヌイグルミが結び付けられていたり、アニメのキャラが描かれていたりする。若者たちのストリートファッションは、ロンドンのパンク*1やモッズ*2と違い、対比！ 対抗文化*3のもつ政治性をいっさい感じさせない。彼らは「かわいい」がゆえに、そうした服装を選択するのだ。八〇年代の丸文字と「のりP語*4」、九〇年代の「オタク」、そして二〇〇〇年代の「萌《も》え」ブームまで、日本の「かわいい」文化は世界のサブカルチャーのなかでも、徹底した脱政治性において独自のものといえるだろう。❸

[2] だが日本を離れれば「かわいい」文化から離脱できるかというと、事態は逆である。日本のTVアニメが放映されているところ、巨大な両眼のなかに星を浮かべた少女たちの漫画が読まれているところ、お気に入りのプリクラを作成するために少女たちが長蛇《ちょうだ》の列を作るところ、そして美少女を象《かたど》ったフィギュアとキティちゃんグッズ❹がショウウィンドウに陳列されているところ、そこには例外なく「かわいい」美学が君臨する空間がある。「かわいい」の美学は国境を越え、民族と言語の壁を越え、思いもよらぬところで人々に蒐集《しゅうしゅう》*5を

✔ 脳内活動・重要語彙

❶ 「かわいい」の香辛料。面白いたとえだな。

❷ みずほ銀行にハローキティ通帳ってあったな。

*1 **パンク**…一九七〇年代なかば、イギリスを中心に登場したロック音楽の一種。既存のロック音楽に反発し、社会への不満、怒りを過激に表現する。

*2 **モッズ**…一九五〇～六〇年代、イギリスの若者に流行したファッションや音楽。

*3 **対抗文化**…ある社会で主流となっている文化に対して、それを否定する人々によって作り出された文化。

*4 **のりP語**…歌手酒井法子が使用して流行した言葉。「マンモスうれピー」「いただきマンモス」など。ちなみに、デビュー当時のキャッチフレーズは「おキャンなレディ」。

呼びかけ、コスプレの変身原理となり、消費社会の重要な参照項目と化している。❺

3 そう、「かわいい」は今や全世界を覆い尽くす一大産業と化している。任天堂はポケモン・グッズで五〇〇〇億円を越すビジネスを商い、日本発のキャラクター商品の総売上は年間に二兆円を越している。キティちゃん関連のグッズは六〇カ国で販売され、その点数は五万点に及んでいるのだ。

「かわいい」はすごい

4 小さなもの。どこかしら懐かしく感じられるもの。守ってあげないとたやすく壊れてしまうかもしれないほど、脆弱《ぜいじゃく》で儚《はかな》げなもの。❻ どこかしらロマンティックで人をあてどない夢想の世界へと連れ去ってしまう力をもったもの。愛らしく、綺麗《きれい》なもの。眺めているだけで愛くるしい感情で心がいっぱいになってしまうもの。不思議なもの。たやすく手が届くところにありながらも、どこかに謎を秘めたもの。ひとたび「かわいい」という魔法の粉を振りかけられてしまうと、いかなるボン(イ)ヨウな物体でさえ、急に親密感に溢《あふ》れた、好意的な表情をこちら側に向けてくれることになる。❼ 無罪性と(a)安逸さに守られたユートピア。そこでは現実原則の桎梏《しっこく》*6から解放された者たちが、人形やヌイグルミからアニメの登場人物までに無限の愛情を注ぎながら、無時間的な幸福さ❽に酔い痴《し》れることになる。

5 「かわいい」に対しては、批判がないわけではない。

6 ニューヨークのタイムズスクウェアには、かつて大ポルノショップ街だったところが整理され、今では「ハローキティ」の専門店がドカンと建っている。文字通り「かわいい」子猫の人形からシール、文房具、ヴィデオ、その他ありとあらゆるグッズがここでは販売さ

---

❸ パンクやモッズには政治性があったが、日本の「かわいい」にはない、という対比。

パンク・モッズ	かわいい
政治性あり	政治性なし

❹ キティ出てきた！ 同じ例が思い浮かんでいたってことは、しっかり読めているってことだな。

*5 **蒐集**…収集。寄せ集めること。

❺ 「きゃりーぱみゅぱみゅ」とか「ベビーメタル」も海外で大人気って聞くしな。

❻ 日本のアイドルは、幼い感じの子が多いもんな。

❼ 「キモイ」だと悪口だけれど、「キモカワいい」だとプラスイメージになる。

*6 **桎梏**…自由な行動を束縛するもの。「桎」は足かせ、「梏」は手かせの意。

❽ キティは永遠に歳をとらず、永遠にかわいい。

9

れている。このキティちゃんブームに反撥《はんぱつ》を覚えたアメリカのある女性パフォーマーが、ハローキティに口がないのはアジアの男性優越主義が女性に沈黙を強要していることの証⑨であると告発したと、研究者は報告している。

7 これに関連して、個人的な思い出を話しておきたい⑩。わたしはある時、ニューヨークの女性編集者と「かわいい」をめぐる話をしていたとき、現在のアメリカでは女性を不用意にcuteと呼ぶことは、政治的公正さを無視した差別擁護の運用に当たることになると、強い詰問口調でいわれたことがあった。［V］彼女は奇妙なことに、女性が少年をとらえてa cute boyと呼ぶことにはいささかも疑問を感じていなかった⑪。［W］cuteには、それに固有の支配の力学があり、それはすぐれて政治的なものとなりうることを、わたしはこの時の対話から知った。わたしの友人に、日本人ではあるが「キューティ」というニックネームをもった美しい女性がいる。オペラや芝居の買い付けのために世界中を飛び回っている相当な経歴の持主なのだが、彼女は今の話をいったいどう思うだろうか⑫。

8 わたしの見聞したかぎり、「かわいい」に対してもっとも深い憎悪を示したのは、社会学者の上野千鶴子である。彼女は老人問題を扱った最近の著作のなかで、「かわいい」とは「女が生存戦略のために、ずっと採用してきた」媚態《びたい》*7であると一刀両断し、子供や孫に面倒を見てもらうために「かわいい」老人であることが推奨されている今日の日本社会のあり方に、疑問を呈している。かわいければ得をする。かわいくなければ女じゃない。こうした認識はまさしくイデオロギー*8的なものであって、女性を旧来の依存的存在⑬に押し留めておくための方便であり、またかかる状況にあって女性が生き抜いていくための生存戦略でし

⑨ 考えたことなかったな。その理論だと、ドラえもんに耳がないのは「人の意見を聞き入れないことの証」だとか、（耳をかじったのはネズミだから）「ディズニーランドを象徴とする西洋文化からの抑圧の表れ」だとか、なんとでも言えてしまう気がするけど……。

⑩ 筆者の立場はどっちかな。

⑪ 文章の流れから、空欄Vには逆説が入りそうだな。→問三

⑫ その女性は「キューティ」を差別的だとは思っていないはず、と言いたげだな。筆者は、cute（かわいい）を差別的だとは思っていないんだな。

*7 **媚態**…異性にこびる、なまめかしい態度。

*8 **イデオロギー**…歴史的・社会的立場にもとづいて形成される、基本的なものの考え方。

⑬ 男性に頼る弱い存在。

かない。老人と子供が「かわいい」と呼ばれるのは、いずれもが責任能力を欠落させた存在であるためであり、厄介者、お荷物扱いされる点では、変わるところがない。このように立論する上野は、人から「かわいくない女」と呼ばれていることを得意げに披露し、⑭ (A)老後にあっても「かわいいお婆ちゃん」であることを拒否したいと、堂々と抱負を述べている。⑮

9　「かわいい」現象がこうして毀誉褒貶《きよほうへん》*9のただなかにあることは、それが現代日本の神話としてきわめて大きな意味を担っていることを物語っている。事実それは天蓋のように、日本という社会を覆っているのだ。だが、そうした状況は一朝一夕に準備されたものではない。わたしは文化本質論を気取るつもりはないが、十一世紀の『枕草子』に有名な叙述があるように、日本文化の内側に、小さなもの、幼げなものを肯定的に賞味する伝統がカッ(ウ)コとして存続してきた⑯ことは、やはり心に留めておくべきだと考えている。それは欧米のように未成熟を成熟への発展途上の段階と見なし、貶下《へんげ》*10して裁断する態度とは、まったく異なっている。「かわいい」を二十一世紀の後期資本主義社会の世界的現象とのみ理解するだけでは、それが日本から発信されたことの理由が理解できなくなってしまうだろう。(B)共時的な認識と通時的な認識とを同時に働かせないかぎり、「かわいい」の美学、神話学に接近することはできないのだ。

10　思い出してみようではないか。かつて十一世紀の日本の貴族社会は、すべての物が移りゆくという無常を前に「もののあはれ」*11という美学を説いた。十三世紀の歌人は、あえて感情を明示せず、暗示に富んだ表現に徹することを［ X ］と呼んだ。十六世紀の茶人は

⑭「得意げに披露し」という言い方……。筆者は上野に否定的なんだな。

⑮この後、一行空いているから、とりあえずここまで傍線(A)を考えてみよう。

問四

*9 **毀誉褒貶**…悪口を言うこととほめること。

⑯『枕草子』は古文の授業でやったな。たしか、「うつくしきもの（＝小さくかわいらしいもの）」として、子どもの様々な仕草や、ひな人形の道具などが挙げられていた気がする。

*10 **貶下**…おとしめる。さげすむ。

*11 **もののあはれ**…しみじみとした趣。しみじみとした深い感情。

9

色彩を極度に抑制し、偶然と不規則性を愛し、(b)豪奢の不在を想像力で補うところに Y の顕現を見た。そして十八世紀の遊女は、意地と媚態と＊12諦念《ていねん》からなる Z を洗練された行動原理とした。であるとすれば、小さな物、どこかしら懐かしく、また幼げである物を「かわいい」と呼び、それを二十一世紀の日本の美学だと見なしたところで、どうしていけないことがあるだろう。しかもその美学は、美学の枠をはるかに超えて、全世界に跨《またが》るイデオロギーとして(c)蔓延《まんえん》しつつあるのである。

「かわいい」はすごい

＊12 **諦念**…道理をさとる心。また、あきらめの気持ち。

❷ 解答・解説

問一

(ア) 繁華街　①繁茂　②氾濫　③汎用　④判明　⑤典範
(イ) 凡庸　①妖艶　②謡曲　③養生　④中庸　⑤抑揚
(ウ) 確固　①枯渇　②断固　③個別　④孤軍　⑤温故

問三　空欄補充問題です。 V の前後を抜き出します。

> 7 ……女性を不用意に cute と呼ぶことは、政治的公正さを無視した差別擁護の運用に当たることになると、強い詰問口調でいわれたことがあった。 V 彼女は奇妙なことに、女性が少年をとらえて a cute boy と呼ぶことにはいささかも疑問を感じていなかった。

「ｃｕｔｅを差別用語と主張する人」が「少年をとらえて a cute boy と呼んでいた」わけですから、空欄には「逆接」を入れたいところです。「しかし」「けれども」「だが」といった逆接があればよいのですが、今回の選択肢の中にはありません。仕方がないので、ほかに入れられそうな接続詞を探します。

「もっとも」は「前の内容を一部修正したり、補足したりする」ときに用いる接続詞です。

> 【例】時間が無くて遊びに行けない。もっとも、行きたいところもないのだけれど。

「修正」や「補足」なので、前の内容とは一部異なる内容が続くことになり、前後で反対の意味になることもあります。【例】の場合、「時間が無くて遊びに行けない」というのであれば、当然、「時間さえあれば遊びに行きたいところがある」のだと想像されますが、実際には「行きたいところもない」ということで、前後が反対の内容になっています。

今回の V 前後でも、「女性を不用意に cute と呼ぶことは、政治的公正さを無視した差別擁護の運用に当たることになる」と言う人であれば、「少年をとらえて a cute boy と呼ぶこと」も問題視しそうですが、実際には「いささかも疑問を感じていなかった」わけですから、前後で反対といえる内容になっています。②が正解です。②のＷ「ともあれ」とも」が入りますので、 V には「もっとも」は、「いずれにせよ」「とにかく」という意味です。

問四　傍線部の理由を考える問題です。前文から抜き出します。

> 8 老人と子供が「かわいい」と呼ばれるのは、いずれもが責任能力を欠落させた存在であるためであり、厄介者、お荷物扱いされる点では、変わるところがない。このように立論する上野は、人から「かわいくない女」と呼ばれていることを得意げに披露し、(A)老後にあっても「かわいいお婆ちゃん」であることを拒否したいと、堂々と抱負を述べている。

右に示したように、上野にとって「『かわいい』＝責任能力の欠落」です。裏返せば、上野自身は責任能力のある大人として生きていきたいから、「かわいいお婆ちゃん」を「拒否」するのでしょう。正解は④です。

①「かわいい方が得なのは否定できない事実」ですが、その風潮に逆らいたいというのが上野の立場なので、誤りです。

②「人にこびへつらう老人は厄介者扱いされる」が誤りです。「こびへつらう」ことで「厄介者扱いされる」わけではありません。

③「最近は女性に依存する男性も増加している」が誤りです。本文中に根拠が全くありません。⑤「推奨されている」から「拒否したい」では、理由の説明になっていません。

問五　傍線部の内容説明問題です。傍線部(B)の「共時的」「通時的」は入試評論文頻出の重要語ですので、詳しく説明しておきましょう。

【共時的】ある一時点での体系や構造に注目すること。
【通時的】体系や構造の歴史的な変化に注目すること。

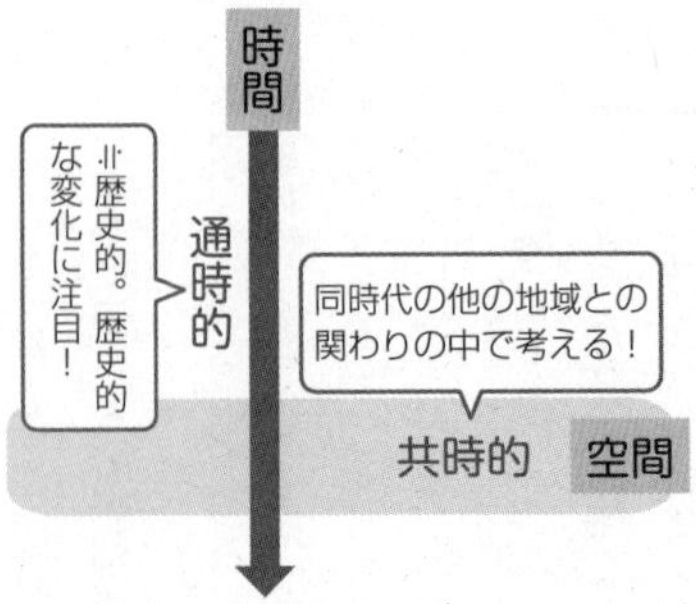
時間
通時的
≒歴史的。歴史的な変化に注目！
同時代の他の地域との関わりの中で考える！
共時的
空間

…これが辞書的な意味ですが、入試評論文では、多くの場合、上図のようなイメージで使われます。

明確な定義は難しいのですが、「共時的」は空間的な広がり、「通時的」は時間的な広がりを感じさせる言葉です。「通時的」は「歴史的」と言い換えられることが多いですね。
今回の文章では「かわいい」の世界的な広がり（[2]・[3]）を認識するのが「共時的な認識」、日本に古くから存在する「かわいい」の伝統（[9]）を認識するのが「通時的な認識」です。正解は⑤です。

問六　選択肢の「幽玄」「わび」「いき」はどれも日本文化を理解する上で大切な言葉です。順に説明しながら、空欄を埋めていきます。

> **【幽玄】**奥深くてはかりしれないこと。味わい深い趣があること。

「幽」と「玄」にはどちらも「かすか／暗い」という意味があります（幽霊はかすかで暗い存在ですよね）。［X］の直前に「あえて感情を明示せず、暗示に富んだ表現に徹する」とあるので、ここに「**幽玄**」を入れます。

> **【わび】**質素でもの静かな状態の中に見出される趣。

「わびさび」の「わび」です。［Y］の直前に「色彩を極度に抑制」「豪奢《ごうしゃ》の不在」とありますので、ここに「**わび**」を入れます。

> **【いき】**さっぱりあかぬけしていて、色気があること。

「粋《いき》なはからい」とか「○○さんって、いきだよね」と言うときの「いき」です。なかなか定義しづらい言葉ですが、『「いき」の構造』（九鬼周造《くきしゅうぞう》／岩波文庫）によると、「いき」とは日本人に独自の美意識であり、「いき」を構成するのは「意気地（≒意地）」「媚態（≒色気）」「諦め」という三つの要素です（僕の中では、俳優の吉田羊さんが「いきな人」のイメージです）。［Z］の直前に「意地と媚態と諦念《ていねん》からなる」とありますね。ここに「**いき**」を入れます。

問七　①について。「かわいい」は世界中に広まっていますが、[6]「このキティちゃんブームに反撥《はんぱつ》を覚えたアメリカのある女性パフォーマーが、ハローキティに口がないのはアジアの男性優越主義が女性に沈黙を強要していることの証であると告発した」、[8]『かわいい』に対してもっとも深い憎悪を示したのは、社会学者の上野千鶴子である」とあるように、国内外に「かわいい」への批判も存在します。本文の内容に当てはまるので「ア」です。

②について。「未熟さを否定する欧米の社会」は、9「欧米のように未成熟を成熟への発展途上の段階と見なし、貶《へん》下《げ》して裁断する態度」と合致しますが、「あまり注目されていない」は誤りです。6「キティちゃんブームに反撥を覚えたアメリカのある女性パフォーマー」とあるように、「かわいい」は欧米でも注目されています。本文の内容に当てはまらないので「イ」です。

③について。最終段落に「その(『かわいい』という)美学は、美学の枠をはるかに超えて、全世界に跨《また》がるイデオロギーとして蔓延《まんえん》しつつある」とあります。「イデオロギー」というのは思想の一種ですから、「かわいい」は美学だけでなく思想的な考察の対象となるといえるでしょう。「ア」です。

④について。「歴史を遡ると、……日本から世界に発信された文化は多い」は本文中に全く根拠がありません。「イ」です。

⑤について。9「日本文化の内側に、小さなもの、幼げなものを肯定的に賞味する伝統が確固として存続してきたことは、やはり心に留めておくべき」とあるように、筆者は伝統的な価値観と今日の「かわいい」現象を連続的に捉えていますので、「区別すべきだ」とはいえません。これも「イ」です。

【解答欄】

問			
問一（各2点）	(ア) ①	(イ) ④	(ウ) ②
問二（各2点）	(a) ⑤	(b) ⑤	(c) ②
問三（6点）	②		
問四（6点）	④		
問五（8点）	⑤		
問六（8点）	②		
問七（各2点）	① ア	② イ	③ ア
	④ イ	⑤ イ	

解説
Answer

『人間らしさ』（上田紀行）

〔解説：西原剛〕

ジャンル
評論
字数
2740字
問題頁
P.111

◆桃太郎は正義？

「ボクのおとうさんは、桃太郎というやつに殺されました。」という文字と、泣いている子どもの鬼の絵。二〇一三年の「新聞広告クリエーティブコンテスト」の最優秀作品に選ばれた作品だ。さらに目を凝らすと、小さな字で「一方的な『めでたし、めでたし』を生まないために。広げよう、あなたが見ている世界。」とある。桃太郎の側からすれば鬼が悪だが、鬼の側からすれば桃太郎が悪。西洋文明の側からすればイスラム過激派は悪、イスラム過激派から見れば西洋文明が悪。一つの立場だけを正解としてしまえば楽だが、それはただの思考停止。西原先生の詳しい解説で理解を深め、見える世界を広げよう。（輿水）

❶ 全文解釈

1 「人間らしさを問う」というのは、実はとてつもなく難しいことです。❶

2 というのも、人間らしさを考えるためには、まずその前提として人間とは何かという定義を決めて、その定義に照らして人間らしいか否かを導く必要があるからです。❷

3 しかし、人間をどのように定義するかについては、個々人によって相当違います。文化によっても異なるし、社会によってもさまざまな定義があります。人間の歴史を振り返ると［A］の人間の定義があり、現在の社会にも多種多様な人間像が存在しています。❸ですから、人間らしさとはこういうことであり、こういう部分は人間らしくないと言ってしまうと人間らしさを一つの考え方に固定することになり、［B］な視座*1を見失う危険が伴います。❹

4 「らしさ」という表現は別に人間に限りません。男らしさ、女らしさ、子どもらしさなどいろいろな言葉に使われます。❺

5 たとえば、男らしさについて考えてみましょう。

6 大学の講義で学生たちに「このなかで自分が男らしいと思う人、手を挙げて」と聞くと、ほとんどの学生が手を挙げません。おそらく、東京・新橋の街頭でサラリーマンにマイクを突きつけて聞いても「私は男らしいです」と答える人はそう多くはないでしょう。

7 つまり、男であるという現実から導き出される理論や法則として男らしさがあるわけではないということです。男であることから［C］に男らしさが論じられるわけではない。❻また、国民全体を対象に統計をとって、そのなかからもっともパーセンテージが多い傾

✔ 脳内活動・重要語彙

❶ なんでだろう？

❷ 「人間らしい」というのは、「人間の定義」によくあてはまる状態のこと。でも、「人間の定義」は難しいから、当然、「人間らしさ」も難しいということか。

❸❹ どちらも直前直後を根拠に解けそうだな。 問一

＊1 **視座**…物事を見る姿勢や立場。

❺ ほかにも、教師らしさ、芸人らしさ、とかたくさんあるな。

❻ 「わけではない」を繰り返している。空欄Cは前文を根拠に解けそうだな。 問一

向を男らしさと認定できるわけでもありません。

8 日本という国のある場所で、ある時代のある文化のなかで男らしさが定義されていて、それと照らし合わせながら私たちは男らしさを考えているわけです。だから、多くの男性は「自分は男らしくない」と思っているし、多くの女性は「自分は女らしくない」と思っている。もちろん、誰かのことを「彼は男らしい存在だ」と言うことはできますが。

9 このように考察したうえで、一般的に言われている男らしさについて考えてみると、決断力がある、リーダーシップがある、たくましい、ガタイがいい、筋肉質といったイメージでしょう。一方、女らしさはと言うと、おしとやかで、気配りがある、優しい、あまり自己主張せずに他人に合わせていくといったイメージです。

10 男という性のなかに本質的に男らしさがあるという考え方を本質主義と言います。つまり、男というものは本質的に○○である、という考え方です。❼

11 これに対して、対比! 男らしさというのはその時代のその文化において定義されているのであって、時代や文化を超えた男らしさの本質など存在しないという考え方を構築主義と呼んでいます。❽

12 こうした本質主義と構築主義の闘いは学問の世界にとどまらず、現実の世界でも数多く起こっていることです。❾

13 たとえば、さまざまな宗教において、いわゆる原理主義と呼ばれるような立場で活動する人たちは本質主義に立脚していると言ってよいでしょう。❿ 彼らはその宗教の教義や、経典に残されているような人間観に立脚し、それ以外の考え方に対し不寛容な態度を取るこ

❼ たとえば「男には生まれつきリーダーシップが備わっている」という考え方。そういえば体育祭のとき、応援団長はいつも男子だったな。

❽ たとえば、邪馬台国のリーダーは卑弥呼という女性だったもんな……。「男らしさ」「女らしさ」とは、時代ごとに「構築される」ものなのかもしれない。

❾ 本質主義と構築主義の対比で文章が進みそうだな。整理しながら読もう。

❿ 原理主義は本質主義の一種。

本質主義	構築主義
原理主義	?

とが多い。⑪その宗教が立脚している人間像を絶対的なものとして崇めているからで、違った立場を認めてしまうと、その宗教を信じている自分自身の存在を、ある種否定してしまうようなことになってしまうからです。

14 一方、（対比！）私たち文化人類学者や社会学者などは構築主義の立場に立っています。⑫男らしさについても、時代や民族によって男らしさの指標が違うことは、すでに先人の文化人類学者の研究によって明らかにされているからです。

15 しかし、もし文化人類学者や社会学者のようにすべてが構築されていると考えるならば、時に「人間らしさなど考えても仕方がない」という［ D ］的な立場に陥ります。⑬「君の主張する人間らしさとぼくの言っている人間らしさは違うわけだから、そんなことを語っても意味がない。一人一人で違うのだから」ということです。⑭

16 逆に（対比！）本質があるという立場からすれば「私の考えている人間らしさが正しいので、間違った考えを持っているヤツらを成敗しなければいけない」とか「間違った人間らしさ像がはびこっている。ああいうことを言うヤツがいるから世の中が悪くなっている。私の言っている人間らしさを守るべきだ」といった言説にもつながります。⑮「全く近頃の若者はなってない。人間としての基本を忘れている」といった言説も、根は同じです。⑯

17 それでも、私たちが今ここで人間らしさを問う⑰ことには、大きな意味があると考えています。

18 一つには、（略）構築主義の考え方からしても人間らしくないと思わざるをえない世の中になっているような⑱感覚があること、もう一つには、そういった世の中の流れが、世界中

---

⑪ そして不寛容が極まるとテロ攻撃となる。

⑫

本質主義	構築主義
原理主義 →不寛容	文化人類学 社会学

⑬ 直前を根拠に解けそうだな。問一

⑭ これだと議論が深まらないから、構築主義だけでは問題があるな。

⑮ つまり、独善的になってしまう。

⑯ ここまでの内容をまとめるとこんな感じ。

本質主義	構築主義
原理主義 →不寛容	文化人類学 社会学
独善的	ニヒリズム 「考えるのは無意味」

どちらかに偏り過ぎるのは問題

⑰ すなわち、本質主義的に考える。

⑱ 時代や民族によって「人間らしさ」は異なるにしても、さすがに容認できない

で起こっている民族や宗教の対立を生んでいることです。⑲

19 特に昨今世界を震撼させているイスラム過激派たちの活動は、自らの社会を脅かす西洋文明的な価値観に対する異議申し立ての側面を持っています。二〇一四年四月にナイジェリアにて、三〇〇名近くの女子生徒が、イスラム過激派集団により拉致されるという事件が起こりました。女学生が自由な信仰を持って西洋的な教育を受けている状況は、拉致を行った過激派たちが理想とする人間観とはかけ離れたものだったからです。つまり、「人間らしさはそれぞれ」【X】であるという見方もできるわけです。⑳こういった状況で「人間らしさはそれぞれ」と主張するだけでは、問題解決の糸口は見えてきません。

20 だからこそ、㉑さまざまな言説が、実は時代や文化のなかで構築されているということを理解しながらも、㉒【D】に陥ることなく、一人一人が人間とは何かを考えていく㉓ということ、そのことが、人間らしい社会を築くための、現代における人間らしさとして求められているのだと思います。

21 科学技術に対する過剰な信仰や、敗者を切り捨てる新自由主義的な市場状況や、人間が道具のように扱われている労働環境に対して違和感を持ったとして「そもそも人間とはこういうものだからよくない」という理屈で押し切るのでは、(ア)イスラム原理主義者たちの主張と変わらない論理になってしまいます。

22 私が研究している(イ)仏教は宗教のなかでは特別で、いわば相対主義㉔を極めた宗教と言えるかもしれません。「あらゆる事物は構築されたものであり、煩悩や執着にとらわれてはダメ。それでは物事の本質は見えてきません」と説いているからです。そうして構築された

ような悲惨な出来事が起きる世の中になってしまっている。

⑲ 最近、アメリカの黒人差別の話をよく聞くよな（たとえば、二〇二〇年五月、アメリカで黒人男性のジョージ・フロイド氏が警察から不適切な拘束を受けて死亡。これを機に「Black Lives Matter」を掲げた反差別運動が世界中に広がった）。

⑳ これも直前を根拠に解けそう。☞問二

㉑ 「こそ」は強調表現。筆者の強い気持ちが表れている。

㉒ 「構築主義」的な考えを理解しながらも。

㉓ 「本質主義」的にも考えていく。

㉔ 評論文重要語→問三解説参照。本文の分類でいうと「構築主義」の側だな。

本質主義	構築主義
原理主義 →不寛容 独善的	文化人類学 社会学 ニヒリズム 「考えるのは無意味」
絶対主義	相対主義 仏教

23

ものであるにもかかわらず、金や権力、愛欲などを本質だと思っている凡夫[＊2]の誤謬[＊3]を糺《ただ》しているのです。

まとめますと、構築主義の考え方からしても人間らしくないと思わざるをえない世の中とはいったい何なのか、そして、その世の中で、何を人間らしさとして主張することが求められるのか、というのが本書で考察する問いになります。

続きも気になるな…

80

＊2 **凡夫《ぼんぷ》**…仏教の教えを理解していない人。平凡な人。

＊3 **誤謬《ごびゅう》**…間違い。

❷ 解答・解説

問一　空欄補充問題です。各選択肢の意味を確認しつつ、空欄を埋めていきましょう。

> [3] しかし、人間をどのように**定義**するかについては、個々人によって相当違います。文化によっても異なるし、社会によってもさまざまな**定義**があります。人間の歴史を振り返ると [A] の人間の**定義**があり、……

㋑千客万来…大勢の客が入れ替わり来ること。
㋺千変万化…物事が様々に変化すること。
㋩千思万考…あれこれと考えをめぐらすこと。
㊁千差万別…いろいろな種類があり、その違いも様々なこと。

人間の定義は、個々人、文化、社会によって「さまざまに異なる」という文脈ですので、㊁「千差万別」が正解です。「一つの定義がどんどん変化していく」という話ではないので、㋺「千変万化」は選べません。

次に [B] です。

> [3] ……人間らしさとはこういうことであり、こういう部分は人間らしくないと言ってしまうと人間らしさを一つの考え方に固定することになり、[B] な視座を見失う危険が伴います。

㋑トータル…全体的な。
㋺ヒストリカル…歴史的な。
㋩ミクロ…微視的な。
㊁ラディカル…急進的な。根本的な。

「人間らしさ」を一つに固定してしまうと、下図のように、他の定義が見えなくなってしまいます。「全体」が見えなくなるわけですから、㋑「**トータル**」が正解です。

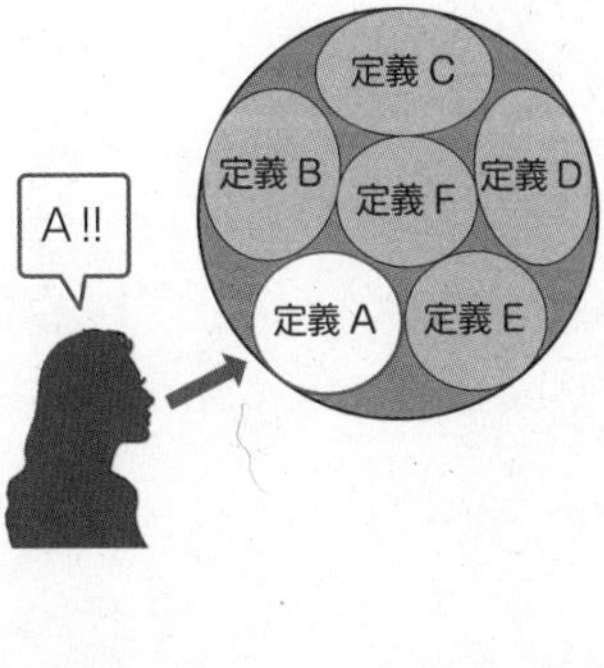

10

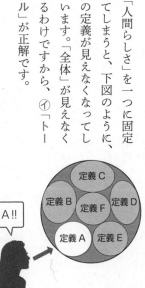

次に［C］です。

7……《男であるという現実から導き出される理論や法則として男らしさがある》**わけではない**ということです。《男であることから［C］に男らしさが論じられる》**わけではない**。

空欄を含む一文は、その前文と形が似ていますね。［C］には「現実から理論や法則を導く」という意味の語句が入るはずです。

選択肢の中で意味がわかりづらいのは、ハ「帰納（的）」だと思います。対義語の「演繹（的）」と共に、入試評論文頻出の重要語ですので、説明しておきましょう。

【帰納】個別の事例から一般的な法則を導くこと。
【演繹】一般的な法則を個別の事例にあてはめて考えること。

たとえば「Aさんは死んだ、Bさんも死んだ、Cさんも死んだ……」という個別の事例から「人間は死ぬ」という一般的な法則を導くのが「帰納」です。

一方、「人間は死ぬ」という一般的な法則を「西原（という人間）」にあてはめ、「西原は死ぬ」という結論を導くのが「演繹」です。「演繹」の具体例としてよく「三段論法（下図）」が紹介されますが、実際の文章では、かっちりとした三段論法に限らず、「法則・理論を個別の事例にあてはめる、適用する」といった意味で幅広く使われます。

三段論法	
大前提	全ての人間は死ぬ。
小前提	ソクラテスは人間である。
結論	ソクラテスは死ぬ。

空欄に戻ります。前述したように、［C］には「現実から理論や法則を導く」という意味の語句が入るはずですから、ハ「帰納的」がぴったりですね。これが正解です。

最後に［D］です。

15 しかし、もし文化人類学者や社会学者のようにすべてが構築されていると考えるならば、時に「人間らしさなど考えても仕方がない」という［D］的な立場に陥ります。

> ㋑ヒューマニズム…人間主義。人間性を尊重し、様々な抑圧や束縛から人間を解放しようとする思想。
> ㋺ニヒリズム…虚無主義。既存の価値や権威をすべて否定する立場。
> ㋩エゴイズム…利己主義。自分の利益ばかりを考えること。
> ㋥オプティミズム…楽観主義。世界を善とみなす立場。また、一般に、ものごとをすべて良い方向に捉える立場。

「という」は前後イコールですので、その前が解答根拠になります。「人間らしさなど考えても仕方がない」というのは、「人間らしさの『正解』なんて存在しないのだから、考えても仕方がない」ということです。「これが正しい」という「価値」を認めない立場ですので、㋺「**ニヒリズム**」が正解です。

問二　空欄補充問題です。前後を抜き出します。

19《女学生が自由な信仰を持って西洋的な教育を受けている状況は、拉致を行った過激派たちが理想とする人間観とはかけ離れたものだったからです。》つまり［X］であるという見方もできるわけです。

「つまり」は前後イコールになるので、直前の一文が解答根拠です。過激派たちは彼らにとっての「理想の人間観」にもとづいて行動したわけですから、イスラム過激派と西洋社会との対立は、「人間らしさ」をめぐる対立ということもできます。㋥「**『人間らしさ』の対立が起こした悲劇**」が正解です。

㋑「性差別を克服」が誤りです。過激派は女子生徒だけを拉致しているわけですから、むしろ性差別的です。

㋺「(人間らしさの)放棄」が誤りです。過激派は彼らなりの「人間らしさ」にもとづいて行動しています。「放棄」していません。

㋩は「(人間らしさの)解明」が誤りです。直前の一文の内容(＝西洋とイスラム過激派の人間観の相違)と合致しません。

問三　傍線部の内容説明問題です。《全文解釈》⑯の図を再掲します。

「イスラム原理主義」は「本質主義」の側ですね。㋺が正解です。

本質主義	構築主義
原理主義 ↓不寛容 独善的	文化人類学 社会学 ↓ニヒリズム 「考えるのは無意味」

正解ではありませんが、㋩「相対主義」は、対義語の「絶対主義」と共に重要な語句です。解説しておきましょう。

> 【相対主義】物事の価値や正しさは時代や文化によって異なるという立場。
> 【絶対主義】時代や文化を超えた普遍的な正しさがあると考える立場。

日本には昔から「捕鯨」の伝統があり、クジラ肉は学校給食のメニューとしても一般的だったようです。しかし、海外には捕鯨に拒否反応を示す人も少なくなく、和歌山県太地町で行われているイルカ漁を取材し、それを強く糾弾するドキュメンタリー映画「ザ・コーヴ」(二〇〇九年／アメリカ)は、大きな話題となりました。「捕鯨」を批判されるとき、多くの日本人は「なんでクジラだけ駄目なの？　あなたたちだって、日々豚や牛を食べているじゃないか。日本の文化に口を挟まないでほしい」と思うのではないでしょうか。日本には日本の伝統があり、日本人なりの価値観があるのだから、勝手な価値観の押しつけはやめてほしい。これは相対主義的な考え方です。

僕自身、捕鯨に関しては相対主義的な立場をとりたい気持ちがありますが、相対主義には問題がないわけではありません。たとえば、第7講で扱ったホロコースト（大量虐殺）のように、明らかな人権侵害が起こっているとき、「それはその国の考え方だから」と言って放置してもよいのでしょうか。「それはダメだよ」と言って異文化にも介入し、人の命を救わなくてはいけない場面もあるのではないでしょうか。

結局、「絶対主義」と「相対主義」のどちらかが正解なのではなく、問題ごとに最適解を考えていくしかないということなのでしょう。

問四　傍線部の理由説明問題です。設問文に「趣旨にそって」とありますね。「趣旨」のほかに「主旨」「論旨」という言葉が使われることもあります。これらは、本来意味の異なる言葉ですが、入試問題ではあまり厳密に使い分けられていません。「**本文全体の内容を踏まえて**」という程度の意味だと考えてください。

それでは、仏教が「宗教のなかでは特別」と言える理由を考えましょう。「仏教」が説明されているのは22ですね。

---

22 私が研究している(イ)仏教は宗教のなかでは特別で、いわば相対主義を極めた宗教と言えるかもしれません。「あらゆる事物は構築されたものであり、煩悩や執着にとらわれてはダメ。それでは物事の本質は見えてきません」と説いているからです。

仏教は「相対主義を極めた宗教」である点で、特別だと説明されています。問三の解説で示したように、「相対主義」は「物事の価値や正しさは時代や文化によって異なるという立場」ですから、仏教は「構築主義」的な考え方といえます。

では、仏教以外の宗教はどうでしょうか。本文では、イスラム原理主義が「本質主義」に立脚した考え方として例示されていました。ほかの宗教については詳述されていませんが、仏教が「特別」とされている以上、ほかの宗教は、仏教に比べれば本質主義的な面が強いといえるはずです。

> ⓐ 仏教…構築主義的。あらゆる事物は構築されたものと考える。
> ⓑ ほかの宗教…(仏教に比べると)本質主義的な側面が強い。

答案では、仏教が「特別」である理由を書くわけですから、まずはⓐを書きます。その上で、答案にはⓑも入れてください。ⓑを入れていない人、入れるか迷った人もいると思いますので、僕がⓑを書くべきと判断した理由を三つ挙げますね。

> (1) 制限字数に余裕があるから。
> (2) 「ほかの宗教」を説明した方が、仏教が「特別」ということが伝わりやすいから。
> (3) 今回の文章は「構築主義」⇔「本質主義」の対比で展開されているので、「本質主義」も答案に入れた方が、「問題文の趣旨にそって」という設問の要求に答えられるから。

10

【解答例】多くの宗教が本質主義的な側面をもつのに対して、仏教はあらゆる事物を構築されたものと考えるから。（47字）

【採点基準】

A 仏教はあらゆるものを構築されたものと考える　5点

▼「仏教は相対主義」と説明した場合、Aポイント2点。仏教は相対主義的な考え方ですが、問題文は「本質主義」⇔「構築主義」という対比ですから、「構築」を用いた方が良いでしょう。

B 多くの宗教（ほかの宗教）は本質主義的である　5点

問五　内容合致問題ですね。選択肢を一つずつ吟味していきましょう。

㋑について。本文によれば、仏教は構築主義的な宗教です。したがって、「構築主義の考え方によって人間らしさが否定された現代だからこそ、仏教の教えに立ち戻る」というのは、意味が通りません（構築主義の考え方によって人間らしさが否定された現代に、構築主義に立ち戻ることになってしまいます）。これは「×」です。

㋺は「西洋的な教育を受けた……イスラム過激派」が誤りなので、「×」です。西洋的な教育を受けたのは女学生ですね。

㋩は、20「一人一人が人間とは何かを考えていくということ、そのことが、人間らしい社会を築くための、現代における人間らしさとして求められている」に合致します。「○」です。

㋥について。5～7で「男らしさ」は定義しづらいことが説明されています。「男らしさ」を定義しづらいということは、その反対の「女らしさ」も定義しづらいことになりますので、「女らしさを……定義することは困難である」は、本文の内容に合致するといえるでしょう。「○」です。

【解答欄】

問一（各3点）
A ㊁
B ㋑
C ㋩
D ㋺

問二（6点）㊁

問三（6点）㋺

問四（10点）多くの宗教が本質主義的な側面をもつのに対して、仏教はあらゆる事物を構築されたものと考えるから。

問五（各2点）
㋑ ×
㋺ ×
㋩ ○
㊁ ○

【訂正のお知らせはコチラ】

本書の内容に万が一誤りがございました場合は，東進WEB書店（https://www.toshin.com/books/）の本書ページにて随時お知らせいたしますので，こちらをご確認ください。☞

大学受験 レベル別問題集シリーズ

新・現代文レベル別問題集② 初級編

発行日：二〇二一年一二月一〇日 初版発行
二〇二四年一一月二六日 第五版発行

著　者：輿水淳一　西原剛
発行者：永瀬昭幸
発行所：株式会社ナガセ
〒180-0003 東京都武蔵野市吉祥寺南町一-二九-二
出版事業部（東進ブックス）
TEL：0422-70-7456／FAX：0422-70-7457
www.toshin.com/books

編集担当：八重樫清隆

DTP・編集：大木誓子
本文イラスト：Colli
動画加工・編集：㈱スタジオサンダンス
装丁：東進ブックス編集部
印刷・製本：シナノ印刷㈱

Printed in Japan　ISBN978-4-89085-889-7　C7381

東進ブックス

東進の合格の秘訣が次ページに

合格の秘訣1

全国屈指の実力講師陣

東進の実力講師陣 数多くのベストセラー参考書を執筆!!

東進ハイスクール・東進衛星予備校では、そうそうたる講師陣が君を熱く指導する!

本気で実力をつけたいと思うなら、やはり根本から理解させてくれる一流講師の授業を受けることが大切です。東進の講師は、日本全国から選りすぐられた大学受験のプロフェッショナル。何万人もの受験生を志望校合格へ導いてきたエキスパート達です。

英語

雑誌『TIME』やベストセラーの翻訳も手掛け、英語界でその名を馳せる実力講師。

宮崎 尊先生
[英語]

爆笑と感動の世界へようこそ。「スーパー速読法」で難解な長文も速読即解!

渡辺 勝彦先生
[英語]

100万人を魅了した予備校界のカリスマ。抱腹絶倒の名講義を見逃すな!

今井 宏先生
[英語]

本物の英語力をとことん楽しく!日本の英語教育をリードするMr.4Skills.

安河内 哲也先生
[英語]

関西の実力講師が、全国の東進生に「わかる」感動を伝授。

慎 一之先生
[英語]

全世界の上位5%(PassA)に輝く、世界基準のスーパー実力講師!

武藤 一也先生
[英語]

いつのまにか英語を得意科目にしてしまう、情熱あふれる絶品授業!

大岩 秀樹先生
[英語]

数学

明快かつ緻密な講義が、君の「自立した数学力」を養成する!

寺田 英智先生
[数学]

「ワカル」を「デキル」に変える新しい数学は、君の思考力を刺激し、数学のイメージを覆す!

松田 聡平先生
[数学]

論理力と思考力を鍛え、問題解決力を養成。多数の東大合格者を輩出!

青木 純二先生
[数学]

数学を本質から理解し、あらゆる問題に対応できる力を与える珠玉の名講義!

志田 晶先生
[数学]

国語

ビジュアル解説で古文を簡単明快に解き明かす実力講師。
富井 健二先生
[古文]

東大・難関大志望者から絶大なる信頼を得る本質の指導を追究。
栗原 隆先生
[古文]

明快な構造板書と豊富な具体例で必ず君を納得させる!「本物」を伝える現代文の新鋭。
西原 剛先生
[現代文]

「脱・字面読み」トレーニングで、「読む力」を根本から改革する!
輿水 淳一先生
[現代文]

文章で自分を表現できれば、受験も人生も成功できますよ。「笑顔と努力」で合格を!
石関 直子先生
[小論文]

小論文、総合型、学校推薦型選抜のスペシャリストが、君の学問センスを磨き、執筆プロセスを直伝!
正司 光範先生
[小論文]

幅広い教養と明解な具体例を駆使した緩急自在の講義。漢文が身近になる!
寺師 貴憲先生
[漢文]

縦横無尽な知識に裏打ちされた立体的な授業に、グングン引き込まれる!
三羽 邦美先生
[古文・漢文]

理科

「いきもの」をこよなく愛する心が君の探究心を引き出す!生物の達人。
飯田 高明先生
[生物]

「なぜ」をとことん追究し「規則性」「法則性」が見えてくる大人気の授業!
立脇 香奈先生
[化学]

化学現象を疑い化学全体を見通す"伝説の講義"は東大理三合格者も絶賛。
鎌田 真彰先生
[化学]

正しい道具の使い方で、難問が驚くほどシンプルに見えてくる!
宮内 舞子先生
[物理]

地歴公民

世界史を「暗記」科目だなんて言わせない。正しく理解すれば必ず伸びることを一緒に体感しよう。
加藤 和樹先生
[世界史]

"受験世界史に荒巻あり"と言われる超実力人気講師!世界史の醍醐味を。
荒巻 豊志先生
[世界史]

つねに生徒と同じ目線に立って、入試問題に対する的確な思考法を教えてくれる。
井之上 勇先生
[日本史]

歴史の本質に迫る授業と、入試頻出の「表解板書」で圧倒的な信頼を得る!
金谷 俊一郎先生
[日本史]

「今」を知ることは「未来」の扉を開くこと。受験に留まらず、目標を高く、そして強く持て!
執行 康弘先生
[公民]

政治と経済のメカニズムを論理的に解明しながら、入試頻出ポイントを明確に示す。
清水 雅博先生
[公民]

わかりやすい図解と統計の説明に定評。
山岡 信幸先生
[地理]

どんな複雑な歴史も難問も、シンプルな解説で本質から徹底理解できる。
清水 裕子先生
[世界史]

※書籍画像は2024年10月末時点のものです。

合格の秘訣2 ココが違う 東進の指導

01 人にしかできない やる気を引き出す指導

夢と志は志望校合格への原動力！

東進では、将来を考えるイベントを毎月実施しています。夢・志は大学受験のその先を見据える、学習のモチベーションとなります。仲間とワクワクしながら将来の夢・志を考え、さらに志を言葉で表現していく機会を提供します。

夢・志を育む指導

受験は団体戦！仲間と努力を楽しめる

東進ではチームミーティングを実施しています。週に1度学習の進捗報告や将来の夢・目標について語り合う場です。一人じゃないから楽しく頑張れます。

チーム制

一人ひとりを大切に君を個別にサポート

東進が持つ豊富なデータに基づき君だけの合格設計図をともに考えます。熱誠指導でどんな時でも君のやる気を引き出します。

担任指導

現役合格者の声

東京大学 文科一類
中村 誠雄くん
東京都 私立 駒場東邦高校卒

林修先生の現代文記述・論述トレーニングは非常に良質で、大いに受講する価値があると感じました。また、担任指導やチームミーティングは心の支えでした。現状を共有でき、話せる相手がいることは、東進ならではで、受験という本来孤独な闘いにおける強みだと思います。

02 人間には不可能なことをAIが可能に

学力×志望校 一人ひとりに最適な演習をAIが提案！

東進のAI演習講座は2017年から開講していて、のべ100万人以上の卒業生の、200億題にもおよぶ学習履歴や成績、合否等のビッグデータと、各大学入試を徹底的に分析した結果等の教務情報をもとに年々その精度が上がっています。2024年には全学年にAI演習講座が開講します。

AI演習

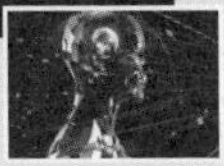

現役合格者の声

千葉大学 医学部医学科
寺嶋 伶旺くん
千葉県立 船橋高校卒

高1の春に入学しました。野球部と両立しながら早くから勉強をする習慣がついていたことは僕が合格した要因の一つです。「志望校別単元ジャンル演習講座」は、AIが僕の苦手を分析して、最適な問題演習セットを提示してくれるため、集中的に弱点を克服することができました。

AI演習講座ラインアップ

高3生 苦手克服＆得点力を徹底強化！

「志望校別単元ジャンル演習講座」
「第一志望校対策演習講座」
「最難関4大学特別演習講座」

高2生 大学入試の定石を身につける！

「個人別定石問題演習講座」

高1生 素早く、深く基礎を理解！

「個人別基礎定着問題演習講座」 2024年夏 新規開講

東進で勉強したいが、近くに校舎がない君は…

東進ハイスクール 在宅受講コースへ

「遠くて東進の校舎に通えない……」。そんな君も大丈夫！ 在宅受講コースなら自宅のパソコンを使って勉強できます。ご希望の方には、在宅受講コースのパンフレットをお送りいたします。お電話にてご連絡ください。学習・進路相談も随時可能です。

0120-531-104

03 本当に学力を伸ばすこだわり

楽しい！わかりやすい！そんな講師が勢揃い

わかりやすいのは当たり前！おもしろくてやる気の出る授業を約束します。1・5倍速×集中受講の高速学習。そして、12レベルに細分化された授業を組み合わせ、スモールステップで学力を伸ばす君だけのカリキュラムをつくります。

実力講師陣

高速マスター

英単語1800語を最短1週間で修得！

基礎・基本を短期間で一気に身につける「高速マスター基礎力養成講座」を設置しています。オンラインで楽しく効率よく取り組めます。

パーフェクトマスターのしくみ

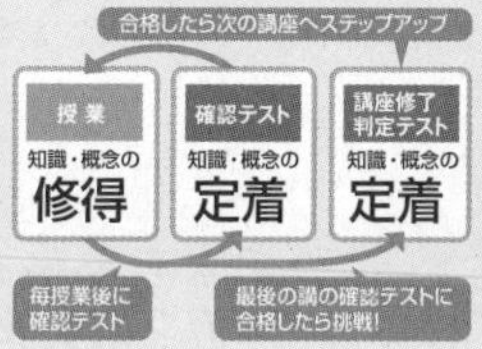

東進模試

本番レベル・スピード返却学力を伸ばす模試

常に本番レベルの厳正実施。合格のために何をすべきか点数でわかります。WEBを活用し、最短中3日の成績表スピード返却を実施しています。

現役合格者の声

早稲田大学 基幹理工学部
津行 陽奈さん
神奈川県 私立 横浜雙葉高校卒

私が受験において大切だと感じたのは、長期的な積み重ねです。基礎力をつけるために「高速マスター基礎力養成講座」や授業後の「確認テスト」を満点にすること、模試の復習などを積み重ねていくことでどんどん合格に近づき合格することができたと思っています。

ついに登場！

君の高校の進度に合わせて学習し、定期テストで高得点を取る！

高校別対応の個別指導コース

目指せ！「定期テスト」20点アップ！学年順位も急上昇!!

楽しく、集中が続く、授業の流れ

1. 導入

授業の冒頭では、講師と担任助手の先生が今回扱う内容を紹介します。

2. 授業

約15分の授業でポイントをわかりやすく伝えます。要点はテロップでも表示されるので、ポイントがよくわかります。

3. まとめ

授業が終わったら、次は確認テスト。その前に、授業のポイントをおさらいします。

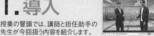

2024年 東進現役合格実績
受験を突破する力は未来を切り拓く力!

東大現役合格実績日本一[※1] 6年連続800名超!

現役生のみ! 講習生を含まず!

※1 2023年東大現役合格実績をホームページ・パンフレット・チラシ等で公表している予備校の中で最大(2023年JDnet調べ)。

東大834名

文科一類 118名 理科一類 300名
文科二類 115名 理科二類 121名
文科三類 113名 理科三類 42名
学校推薦型選抜 25名

現役合格者の36.5%が東進生!

東進生 現役 占有率 834 / 2,284

36.5%

全現役合格者に占める東進生の割合

2024年の東大全体の現役合格者は2,284名。東進の現役合格者は834名。東進生の占有率は36.5%。現役合格者の2.8人に1人が東進生です。

学校推薦型選抜も東進!

東大25名

学校推薦型選抜 現役合格者の27.7%が東進生!

推薦入試でも東進生現役占有率 27.7%

法学部 4名 工学部 8名
経済学部 1名 理学部 4名
文学部 1名 薬学部 2名
教育学部 1名 医学部医学科 1名
教養学部 3名

京大493名 昨対+21名

総合人間学部 23名
文学部 37名
教育学部 10名
法学部 56名
経済学部 49名
理学部 52名
医学部医学科 28名
医学部人間健康科学科 20名
薬学部 14名
工学部 161名
農学部 43名
特色入試(上記に含む) 24名

早慶5,980名 昨対+239名

早稲田大 3,582名 史上最高!※2
政治経済学部 472名
法学部 354名
商学部 297名
文化構想学部 276名
理工3学部 752名
他 1,431名

慶應義塾大 2,398名 史上最高!※2
法学部 290名
経済学部 368名
商学部 487名
理工学部 576名
医学部 39名
他 638名

医学部医学科 1,800名 昨対+9名

国公立医・医 1,033名 防衛医科大学校を含む
私立医・医 767名 史上最高!※2

国公立医・医1,033名 防衛医科大学校を含む

東京大 43名 名古屋大 28名 筑波大 21名 横浜市立大 14名 神戸大 30名
京都大 28名 大阪大 23名 千葉大 25名 浜松医科大 19名 その他国公立医・医 700名
北海道大 18名 九州大 23名 東京医科歯科大 21名 大阪公立大 12名
東北大 28名

私立医・医 767名 昨対+40名 史上最高!※2

自治医科大 32名 慶應義塾大 39名 東京慈恵会医科大 30名 関西医科大 49名 その他私立医・医 443名
国際医療福祉大 80名 順天堂大 52名 日本医科大 42名

旧七帝大+東工大・一橋大・神戸大 4,599名

東京大 834名 東北大 389名 九州大 487名 一橋大 219名
京都大 493名 名古屋大 379名 東京工業大 219名 神戸大 483名
北海道大 450名 大阪大 646名

上理明青立法中21,018名

上智大 1,605名 青山学院大 2,154名 法政大 3,833名
東京理科大 2,892名 立教大 2,730名 中央大 2,855名
明治大 4,949名

国公立大16,320名

※2 史上最高…東進のこれまでの実績の中で最大。

国公立 総合・学校推薦型選抜も東進!

旧七帝大+東工大・一橋大・神戸大 434名

東京大 25名 大阪大 57名
京都大 24名 九州大 38名
北海道大 24名 東京工業大 30名
東北大 119名 一橋大 10名
名古屋大 65名 神戸大 42名

国公立医・医 319名

国公立大学の総合型・学校推薦型選抜の合格実績は、指定校推薦を除く、早稲田塾を含まない東進ハイスクール・東進衛星予備校の現役生のみの合同実績です。

関関同立13,491名

関西学院大 3,139名 同志社大 3,099名 立命館大 4,477名
関西大 2,776名

日東駒専9,582名

日本大 3,560名 東洋大 3,575名 駒澤大 1,070名 専修大 1,377名

産近甲龍6,085名

京都産業大 614名 近畿大 3,686名 甲南大 669名 龍谷大 1,116名

ウェブサイトでもっと詳しく 東進 検索

2024年3月31日締切

各大学の合格実績は、東進ネットワーク(東進ハイスクール、東進衛星予備校、早稲田塾)の現役生のみ、高3時在籍者のみの合同実績です。一人で複数合格した場合は、それぞれの合格者数に計上しています。

東進へのお問い合わせ・資料請求は
東進ドットコム www.toshin.com
もしくは下記のフリーコールへ！

ハッキリ言って合格実績が自慢です！ 大学受験なら、

東進ハイスクール 0120-104《トーシン》-555《ゴーゴーゴー》

●東京都

[中央地区]

□市ヶ谷校	0120-104-205
□新宿エルタワー校	0120-104-121
＊新宿校大学受験本科	0120-104-020
高田馬場校	0120-104-770
□人形町校	0120-104-075

[城北地区]

赤羽校	0120-104-293
本郷三丁目校	0120-104-068
茗荷谷校	0120-738-104

[城東地区]

綾瀬校	0120-104-762
金町校	0120-452-104
亀戸校	0120-104-889
□★北千住校	0120-693-104
錦糸町校	0120-104-249
□豊洲校	0120-104-282
西新井校	0120-266-104
西葛西校	0120-289-104
船堀校	0120-104-201
門前仲町校	0120-104-016

[城西地区]

□池袋校	0120-104-062
大泉学園校	0120-104-862
荻窪校	0120-687-104
高円寺校	0120-104-627
石神井校	0120-104-159
□巣鴨校	0120-104-780
成増校	0120-028-104
練馬校	0120-104-643

[城南地区]

大井町校	0120-575-104
蒲田校	0120-265-104
五反田校	0120-672-104
三軒茶屋校	0120-104-739
□渋谷駅西口校	0120-389-104
下北沢校	0120-104-672
□自由が丘校	0120-964-104
□成城学園前駅校	0120-104-616
千歳烏山校	0120-104-331
千歳船橋校	0120-104-825
都立大学駅前校	0120-275-104
中目黒校	0120-104-261
□二子玉川校	0120-104-959

[東京都下]

□吉祥寺南口校	0120-104-775
国立校	0120-104-599
国分寺校	0120-622-104
□立川駅北口校	0120-104-662
田無校	0120-104-272
□調布校	0120-104-305
八王子校	0120-896-104
東久留米校	0120-565-104
府中校	0120-104-676
□★町田校	0120-104-507
三鷹校	0120-104-149
武蔵小金井校	0120-480-104
武蔵境校	0120-104-769

●神奈川県

青葉台校	0120-104-947
厚木校	0120-104-716
川崎校	0120-226-104
湘南台東口校	0120-104-706
新百合ヶ丘校	0120-104-182
センター南駅前校	0120-104-722
たまプラーザ校	0120-104-445
鶴見校	0120-876-104
登戸校	0120-104-157
平塚校	0120-104-742
□藤沢校	0120-104-549
□武蔵小杉校	0120-165-104
□★横浜校	0120-104-473

●埼玉県

□浦和校	0120-104-561
□大宮校	0120-104-858
春日部校	0120-104-508
川口校	0120-917-104
川越校	0120-104-538
小手指校	0120-104-759
志木校	0120-104-202
せんげん台校	0120-104-388
草加校	0120-104-690
所沢校	0120-104-594
□★南浦和校	0120-104-573
与野校	0120-104-755

●千葉県

我孫子校	0120-104-253
市川駅前校	0120-104-381
稲毛海岸校	0120-104-575
□海浜幕張校	0120-104-926
□★柏校	0120-104-353
北習志野校	0120-344-104
□新浦安校	0120-556-104
新松戸校	0120-104-354
千葉校	0120-104-564
□★津田沼校	0120-104-724
成田駅前校	0120-104-346
船橋校	0120-104-514
松戸校	0120-104-257
南柏校	0120-104-439
八千代台校	0120-104-863

●茨城県

つくば校	0120-403-104
取手校	0120-104-328

●静岡県

★静岡校	0120-104-585

●奈良県

★奈良校	0120-104-597

★は高卒本科(高卒生)設置校
＊は高卒生専用校舎
□は中学部設置校

※変更の可能性があります。
最新情報はウェブサイトで確認できます。

全国約1,000校、10万人の高校生が通う、

東進衛星予備校 0120-104《トーシン》-531《ゴーサイン》

近くに東進の校舎がない高校生のための

東進ハイスクール 在宅受講コース 0120-531《ゴーサイン》-104《トーシン》

ここでしか見られない受験と教育の最新情報が満載！

東進ドットコム www.toshin.com

東進 検索

東進ＴＶ

東進のYouTube公式チャンネル「東進ＴＶ」。日本全国の学生レポーターがお送りする大学・学部紹介は必見！

大学入試過去問データベース

君が目指す大学の過去問を素早く検索できる！ 2024年入試の過去問も閲覧可能！

※2024年4月現在